Alf Hermann

Noch einmal nachgedacht

Ein Essay über sieben letzte Fragen

sowie

Tholos – ein Blick in die Tiefe am Nabel der Welt

Alf Hermann

Noch einmal nachgedacht

Ein Essay über sieben letzte Fragen

sowie

Tholos -

ein Blick in die Tiefe am Nabel der Welt

opus magnum

Bibliografische Information der Deutschen Nationalbibliothek
Die Deutsche Nationalbibliothek verzeichnet diese Publikation in der Deutschen Nationalbibliografie; detaillierte bibliografische Daten sind im Internet über www. dnb.dnb.de abrufbar.

Version 1.01
Umschlaggestaltung, Grafik und Layout: Alf Hermann
Die Abbildungen stammen aus dem Privatarchiv von Alf Hermann
und lizenzfreien Quellen aus dem Internet (commons.wikimedia.org)
Herstellung: Book on Demand GmbH. Norderstedt

ISBN 13: 978-3-939322-95-5

*Meiner Tochter Julia, die mich im Athena-Heiligtum von Delphi anregte,
die Architektur der Tholos mit der Ursprungsfrage der vorsokratischen Philosophen zu verbinden*

Inhalt

Vorwort

Die Geschichte des philosophischen Denkens ist geprägt vom verzweifelten Bemühen um die Beantwortung der sogenannten letzten Fragen und von der immer aufs Neue gewonnenen Einsicht, dass dieses Bemühen letztlich vergebens ist. Generell haben fast alle großen Philosophen erkannt, dass sich die meisten letzten Fragen dem Zugriff der Wissenschaft wie der Logik entziehen, und so haben sie – allem Zweifel an ihr zum Trotz – die eher spekulative bzw. hypothetische Metaphysik für die Klärung dieser Fragen bemüht.

Viele der großen Denker früherer Zeit glaubten sich da, wo Gewissheit sich partout nicht einstellen wollte, in irgendeinen Gottesbegriff flüchten zu können, offenbar in der Hoffnung, dass der sich dazu eigne, alles Unvorstellbare und Unaussprechliche in sich aufzunehmen. Nun mag jeder Gott nennen, was ihm beliebt, solange er nicht von anderen verlangt, dass sie seine Vorstellung teilen. Aber es wäre ein Fehler, Gott als das Unerklärbare vom Erklärbaren abzutrennen, so als sei letzteres nicht von göttlicher Natur. Vielleicht ist das überhaupt der größte Mangel des begrifflichen Denkens, dass es, indem es begreift und zu erfassen sucht, Zusammenhänge zerreißt und das große Netz, also das eigentlich Göttliche, in dem alles mit allem verbunden ist, zu zerstören droht.

Ich stelle dies ausdrücklich fest, weil es mir eine Rolle zu spielen scheint, wann immer die metaphysische Frage nach der Unvergänglichkeit des Seins in Bezug auf die menschliche Seele gestellt worden ist. Die Hoffnung auf Unsterblichkeit der Seele hat die Philosophen seit Platon immer wieder verleitet, mit den Mitteln des begreifenden Denkens ihr zumindest einen höheren Grad an Wahrscheinlichkeit abzuringen. Jeglicher Erkenntnissuche, die allzu wunschorientiert erfolgt, ist jedoch in besonderer Weise zu misstrauen.

Trotz aller Vorbehalte sei in den folgenden, möglichst kurz gehaltenen Betrachtungen noch einmal nachgedacht über einige letzte oder auch vorletzte Fragen, die, wie schon gesagt, niemals eine endgültige Antwort finden werden, die sich jedoch immer wieder zu stellen die Menschheit nicht müde werden sollte.

In allen sieben von mir gestellten Fragen wird nach Richtigem gefragt. Man möge richtig nicht mit wahr verwechseln, sondern erkennen, dass richtig etwas mit richten zu tun hat, dass es also um eine Richtung geht, die man vernünftigerweise einschlagen sollte, um der Wahrheit – vielleicht! – ein wenig näher zu kommen.

Miteinander verkettet sind die mehr oder weniger separat abgehandelten Fragen durch den Versuch, einem bislang ungelösten archäologischen Rätsel auf die Spur zu kommen, dessen philosophische Dimension alsbald evident werden dürfte. Dabei geht es um die Bedeutung der Tholoi im alten Griechenland, jenen Rundbauten, bei denen konzentrische Kreise um ein mysteriöses Erdloch herum gebaut wurden. Diese nur vereinzelt anzutreffenden „Tempel“ enthielten vermutlich keine Götterbilder, bargen in ihrem Innersten aber womöglich die größten Geheimnisse unserer Welt. Diesen versuchten die frühen griechischen Naturphilosophen, die sogenannten Vorsokratiker, auf den Grund zu gehen. Aus heutiger Sicht ist ihnen dies, wie sich zeigen wird, erstaunlich gut gelungen.

Alf Hermann, Borgwedel, August 2013

1. Was war am Anfang?

Die Frage nach dem richtigen Ursprung

Du wirfst einen Stein ins Wasser und beobachtest, wie sein Einschlag jäh ein Loch in die Wasseroberfläche reißt, wie sich sogleich darauf an derselben Stelle kurz ein Hügel erhebt und sich dann um ihn herum in aller Ruhe und Eleganz konzentrische Kreise ausbreiten, die sich schließlich in den Weiten der Fläche verlieren.

Es ist das alte Spiel. Gott hat es gespielt und spielt es noch. Gott, so überliefert es uns ein Mythos der alten Ägypter, warf einen Felsen in das Urmeer, der Felsen versank und stieg als Urhügel aus dem Wasser wieder empor. Um ihn herum breiteten sich Kreise aus, die Kreise des Weltenlaufs, und so wurde das Universum zum Kosmos (griech.: Schmuck, schöne Ordnung). Als die ersten Strahlen der Sonne den Urhügel trafen, wurde er fruchtbar, erblühte, und es erwachte das Leben auf ihm.

Die Entstehung der Welt, wie sie hier metaphorisch beschrieben wird, und das Erblühen der Erde in ihrer Mitte haben bis heute ihre Entsprechung im Werden des Menschen. Indem das Neugeborene dem es im Mutterleib umgebenden Fruchtwasser entsteigt, erblickt es das Licht der Welt und beginnt, die Kreise des Lebens um sich zu ziehen.

Dem Wasser des Nils verdankten die Ägypter einst ihr Dasein, tun es im Grunde heute noch. So lag es nahe zu unterstellen, dass das süßeste Geheimnis, das die Welt berge, ein unerschöpflicher Reichtum an Wasser sei, dessen dosierte Freigabe in Form von nie versiegenden Quellen alles hervorbringe und vor allem das Leben von Pflanzen, Tieren und Menschen erst ermögliche.

Delphi galt als Treffpunkt für die Sieben Weisen der Antike, die ihre klügsten Erkenntnisse dort in Stein meißeln ließen. Thales war darunter, der das Wasser für den Urstoff allen Seins erklärte. Wasser brach hier aus der Erde reichlich hervor. In Gestalt der heiligen Kastalischen Quelle entsprang es dem Parnassos und wurde durch entsprechende Kanalisation zur Lebensader des delphischen Heiligtums.

Aber hat Thales nicht die Welt mit der Erde verwechselt, auf der tatsächlich das Wasser die entscheidende Rolle spielt? Aus heutiger Sicht spricht weltweit wenig für das Wasser als Urstoff, denn trotz intensiver Suche, befördert durch die Hoffnung, wo Wasser sei, könne auch Leben sein, ist es uns bis jetzt nicht gelungen, auf einem anderen Gestirn, etwa auf einem anderen Planeten unseres Sonnensystems, größere Wasservorkommen nachzuweisen. Die meisten Himmelskörper sind ohnehin so heiße Strahlengebilde, dass Wasser auf ihnen nicht infrage kommt, oder auf ihnen ist es so kalt, dass es bestenfalls ewiges Eis dort geben könnte.

Jede ältere Ursprungshypothese muss sich heute an der (noch?) allgemein für gültig gehaltenen Urknalltheorie messen lassen, und in der hat Wasserstoff zweifellos eine wesentliche Rolle gespielt. Aber an ihn dürfte Thales noch nicht gedacht haben können, und auch heute würde ihn kein Wissenschaftler zum Urstoff erklären wollen. Überhaupt erscheint es aus heutiger Sicht nicht sinnvoll, einen Stoff, z. B. eines der vier Elemente, Wasser, Erde, Luft und Feuer, an den Anfang zu setzen, wie es Zeitgenossen von Thales auch noch getan haben.

Sinnvoller erscheint es, nach einem immateriellen, strukturellen Prinzip zu suchen, das vom ersten Moment an galt und wirkte, ehe sich in bzw. aus ihm etwas Konkretes entwickeln konnte. Dabei könnte es sich um ein Grundgesetz der Natur handeln, dem alle weiteren Naturgesetze unterzuordnen wären.

Wie Thales haben sich, offensichtlich durch ihn provoziert, zahlreiche Naturphilosophen im alten Griechenland dieselbe Frage gestellt: Was ist der Urgrund allen Seins? Sie waren sich dabei durchaus einig, dass sie letztlich die Frage nach Gott stellten, nach Gott als dem Einen, dem unsichtbaren Ursprung aller Erscheinungen unserer Welt. Diese hatten ja in der Vielgötterei bereits ihren Ausdruck gefunden.

Dem Wasser des Thales folgten diverse andere Hypothesen bezüglich des Weltenrunds und seiner göttlichen Herkunft. Anaximander etwa hielt das Apeiron, das Unbegrenzte, für den Urgedanken, also das Unendliche, das wir z. B. Gott zubilligen, wenn wir ihn – wider jede Logik! – für allmächtig erklären, und dem Jenseits, wenn wir es für ewig halten.

Klug erscheint auch die Meinung des Pythagoras, der die Zahl allem voranstellte. Gott wird so zum Architekten der Welt, der sie als ein mathematisch berechnetes Konstrukt erdacht und erschaffen hat, das wir jetzt mittels der Physik, also letztlich auch wieder durch Zahlen zu erklären versuchen, um am Ende aller Bemühungen der Weltformel habhaft zu werden.

Am genialsten allerdings erscheint das, was leider nur allzu fragmentarisch und in unzureichender sekundärer Überlieferung von

Die Eingangsminiatur der „Bible moralisee" (Paris, um 1250) zeigt Christus als Schöpfergott, der die Welt konzentrisch konstruiert und organisiert, sich also gleichsam als Architekt und Baumeister des Universums offenbart

dem Ephesier Herakleitos erhalten ist: „Der Dunkle", wie ihn seine Zeitgenossen nannten, weil sie ihn nicht verstanden, hat Gott genau auf die Finger geschaut. Dabei hat er beobachtet, dass alles im Fluss ist (panta rhei), also alles entsteht und vergeht und sich somit in ständigem Wandel befindet. Aber er hat auch gleich noch herausgefunden, warum das so ist, nämlich, weil ununterbrochen Gegensätzliches miteinander kämpft.

Der *Krieg* (polemos) sei der *Vater aller Dinge*, soll Herakleitos gesagt haben, und mit *Krieg* muss er die ewigen Kämpfe gemeint haben, die alles in der Welt in Bewegung halten, wie z. B. die Kämpfe zwischen Nässe und Dürre, Licht und Dunkel, Leben und Tod. Keine der miteinander ringenden Kontrahenten darf in diesen Auseinandersetzungen endgültig die Oberhand gewinnen, solange sich die Welt bewegen soll. Erst wenn diese zum Erliegen kommt, wird das Ende jeglichen Kampfes zur völligen Verschmelzung der Gegensätze führen. Dieses Ziel findet sich im chinesischen Yin und Yang-Symbol (Taijitu) bereits angedeutet, denn es veranschaulicht weniger den Krieg der Gegensätze als vielmehr deren Harmonie.

Tatsächlich hat sich unsere Sprache ganz auf dieses universale Gestaltungsprinzip eingestellt. Jedes Adjektiv beschreibt, indem es unterscheidet, die von uns wahrgenommene Welt im Blick auf das Entgegengesetzte. Sehend trennen wir das Helle vom Dunklen, hörend das Leise vom Lauten, fühlend das Angenehme vom Unangenehmen. Von einem schlechten Charakter können wir nur sprechen, wenn wir einen besseren kennen, ein Gemälde nur schön finden, wenn wir schon ein hässliches gesehen haben. Schließlich empfinden wir uns nur dann als glücklich, wenn wir wissen, was es bedeutet, unglücklich zu sein, ja, es am eigenen Leibe schon erfahren haben. Denn auch unser Schicksal folgt ja demselben Gesetz, indem es uns einen ständigen Wechsel von erfreulichen und weniger erfreulichen Ereignissen bzw. Empfindungen beschert, auch wenn die Bilanz am Ende nicht bei jedem ausgeglichen sein mag.

Herakleitos hat uns den Begriff des Logos, der gern einfach mit Wort übersetzt wird, mit großem Inhalt gefüllt. Man könnte beim vorsokratischen Logos vom Gott der Naturwissenschaft sprechen, also der Alternative zu einer religiös bestimmten Gottesvorstellung, in der Gott ja eher menschliche bzw. übermenschliche Züge annimmt. Für Herakleitos ist Gott der Urgedanke einer durch die Auseinandersetzung von Gegensätzen fortwährend bewegten Welt. Die von den Physikern gesuchte Weltformel müsste, würde sie gefunden, den Logos als die rationale Gottesvorstellung des Herakleitos bestätigen, würde demnach das Wort lediglich in Zahlen übersetzen.

Interessant ist, dass die Freimaurer, die überwiegend auf einem Gottesglauben bestehen und etwa im protestantischen Norden auf das Johannes-Evangelium schwören, das religiöse Gottesbild unbedingt durch eine naturwissenschaftlich begründete Vorstellung zu ergänzen suchen. So nennen sie Gott den „Großen Baumeister aller Welten“, folgen da also den Überlegungen der schon genannten griechischen Naturphilosophen, insbesondere denen des Pythagoras. Auch wegen dessen Gebaren gegenüber seinen Anhängern ist Pythagoras gelegentlich als der erste Freimaurer bezeichnet worden, pflegte er doch einen entsprechend ritualisierten Umgang mit seinen ihn als erleuchteten Meister ansehenden Schülern.

Von den sogenannten Vorsokratikern beeindruckt hat sich offenbar auch (der Freimaurer) Goethe gezeigt. In seinem Faust-Monolog greift er die berühmte Stelle des JohannesEvangeliums auf, in der es heißt: Im Anfang war das Wort. Im griechischen Text ist natürlich vom Logos die Rede, und Goethe ist klar, dass dieser Begriff weit mehr bedeutet, als unser so harmlos klingender Begriff Wort vermittelt, dass er im griechischen Sprachgebrauch auch „Rechnung“, „Satz“, „Gesetz“ oder „Gedanke“ sein konnte und somit ein ziemlich großes Spektrum abdeckte.

So stellt Faust das Wort mit Recht infrage und reichert es im Sinne des von Herakleitos gebrauchten Logos mit jenem Inhalt an, der den Anfang der Welt in seinen Augen am klügsten beschreibt und damit auch der gnostisch-pantheistischen Gottesvorstellung Goethes am nächsten kommt:

Geschrieben steht:
„Im Anfang war das **Wort!**“
Hier stock ich schon!
Wer hilft mir weiter fort?
Ich kann das Wort so hoch unmöglich
schätzen,
Ich muss es anders übersetzen,
Wenn ich vom Geiste recht erleuchtet bin.
Geschrieben steht:
„Im Anfang war der **Sinn.**“
Bedenke wohl die erste Zeile,
Dass deine Feder sich nicht übereile!
Ist es der Sinn, der alles wirkt und schafft?
Es sollte stehn: „Im Anfang war die **Kraft!**“
Doch, auch indem ich dieses niederschreibe,
Schon warnt mich was, dass ich dabei nicht
bleibe.
Mir hilft der Geist!
Auf einmal seh’ ich Rat
Und schreibe getrost:
„Im Anfang war die **Tat!**“

In der Formulierung *Im Anfang* anstelle von *Am Anfang* steckt der Gedanke, dass Gott, der Initialzünder der Welt, zeitlos zu denken ist, also immer schon existierte, als die Welt entstand, dagegen das in ihrem Anfang Festgestellte lediglich Aspekte der Entstehungsphase des Universums in der nunmehr vorhandenen Zeit benennen kann.

Die Urknalltheoretiker wie Stephen Hawking sagen dazu, dass sie nur die ersten Bedingungen des Big Bangs ermitteln können, wir jedoch keine Antwort auf die Frage erwarten dürfen, was vor dem Urknall gewesen sei. Diese Frage sei so auch gar nicht zu stellen, denn ein Davor könne es nicht gegeben haben, weil die Zeit ja erst mit dem Urknall entstanden sei. Hawking hat daraus geschlossen, dass am Anfang nur das Nichts gewesen sein könne, hat sich aber bezüglich der Existenz eines zeitlosen Gottes nie ganz festlegen wollen. Bald glaubte er, dessen Rätsel sei durch die Physik in absehbarer Zeit gelöst, bald erklärte er, dessen Mysterium sei für den menschlichen Verstand prinzipiell nicht zu ergründen.

Aber zurück zu Goethe und dessen Verständnis vom *Logos*. Dem Wort lässt der Dichter drei weitere Übersetzungen folgen, und zwar *Sinn*, *Kraft* und *Tat*. Man sollte sie nicht als Alternativen ansehen, als sei am Ende nur noch die Tat dem Logos adäquat, sondern, der schon erwähnten Neigung zur begrifflichen Splittung trotzend, als Bündel, das erst in seiner Gesamtheit alles erfasst, was dem wahren Logos innewohnt. Gerafft müsste man also sagen: *Im Anfang war die Verwirklichung der Idee einer sinnerfüllten Tat, eines schöpferischen und gestalterischen Kraftaktes Gottes*, und man würde damit richtig beschreiben, was wir heute etwas platter den *Urknall* nennen.

Ausdrücklich unterstellt die Gnostik dem Anfang jenen göttlichen Funken, der die Entstehung der Welt ermöglicht habe. Er stecke seither in allem, was die Welt hervorgebracht

In sieben Tagen erschaffen.
Aus einem Katechismus des späten 19. Jh.

habe, also auch in jedem von uns. Er könnte also am ehesten das bezeichnen, was wir Seele nennen, und das würde zugleich bedeuten, dass alles beseelt ist. Auch das scheint bereits der geniale Herakleitos bedacht zu haben, der dem Wasser des Thales das Feuer als Urstoff entgegenhielt. Das Feuer vernichtet und lässt Neues entstehen, wie der Phönix von den Strahlen der Sonne erst verbrannt und dann aus der Asche neu geboren wird. Aber Thales, dem sich Herakleitos – treu seiner Theorie vom Krieg als Vater aller Dinge – entgegenstellte, könnte sich damit getröstet haben, dass sein polemischer Gegner das Fließen seiner Welt wahrscheinlich vom Wasser abgeleitet hat.
Der für das Fließen verantwortliche Kampf gegensätzlicher Kräfte bewog Sokrates, die Wahrheit im Dialog, also in der Auseinandersetzung mit einem Widerpart zu suchen, wie uns die platonischen Schriften überliefert haben. Es war dann Platons Schüler Aristoteles, der die dialektische Denkweise propagierte, weil nur sie zu höherer Erkenntnis führe. Es sei nur logisch, so zu denken, wie auch die Welt funktioniere, also in der Auseinandersetzung unterschiedlicher Ansichten.

Wie in der Natur der Kampf der Gegensätze fortdauern muss, um die Welt in Bewegung zu halten und voranzubringen (Evolution!), so wird notwendig auch der philosophische Meinungsstreit in Gestalt der zu höherer Erkenntnis führenden Dialektik kein Ende nehmen, wird niemand in der Beantwortung der letzten Fragen je das letzte Wort haben.

Was Herakleitos uns wissen lässt, ist in dem asiatischen Symbol des Yin und Yang, von dem ja schon die Rede war, tatsächlich auf geniale Weise eingefangen. Da ist das Weltenrund ebenfalls aus Gegensätzlichem zusammengesetzt, aber so, dass in jeder der beiden Polaritäten etwas von der anderen enthalten ist, das sich in ihr regt und das ständige Hin- und Herfließen ermöglicht, ja geradezu erzwingt.

Im Wasser etwa schlummert die Möglichkeit der Verdunstung, die durch die Sonneneinwirkung erfolgt; und die daraus resultierende Trockenheit bietet dem Wasser wiederum die Möglichkeit der Rückkehr als Regen. Und so geht es im Grunde mit allem in der Natur.

Es sind also Kreisläufe, die sich aus der Gegensätzlichkeit und ihrem unermüdlichen Kampf ergeben. Ein solcher Kreislauf, wie wir ihn, zudem rotierend, mit unserer Erde auch um die Sonne vollführen, sodass wir Tag und Nacht, aber auch wechselnde Jahreszeiten erleben, betrifft auch unser Leben als Ganzes. Nur indem wir sterblich sind, ermöglichen wir neues Leben.

Herakleitos sagt uns in diesem Zusammenhang noch, das Wort Bios bedeute nicht nur Leben (Biologie=Lebenskunde), sondern auch Bogen. Das Bild trifft gleich doppelt zu, einmal in Hinblick auf die Lebenskurve von der Geburt über den Höhepunkt des Lebens bis zum Tod, zum anderen auf die Funktion des Bogens, der eben auf den Tod zielt, dem das Leben ja unausweichlich geweiht ist. Man kennt die furchterregende Metapher vom Pfeil, den Gott zum Zeitpunkt der Geburt auf uns abgeschossen hat und der im Moment unseres Todes sein Ziel erreicht.

In den Kreisläufen der Welt und unseres Daseins in ihr wird Gott zum Mittelpunkt. Er steckt als Urfeuer auch in uns und bestimmt unser Leben. Gott hat damit unversehens Punktform angenommen, zugleich unendlich groß und unendlich klein, gerade so wie jene punktförmige Energiekonzentration, die sich nach unserem heutigen Verständnis im Urknall so folgenschwer entladen hat und die Möglichkeit unendlicher Ausdehnung des Universums in sich barg.

Yin und Yang, das alte chinesische Symbol, zeigt die Welt als harmonische Einheit der miteinander ringenden Polaritäten

Es bleibt zu resümieren, dass die Frage nach dem Ursprung der Welt ein „infiniter Regress“ ist, also ein Zurückfragen ohne ersichtliches Ende, sodass es keine Antwort erreichen kann. Physiker brauchen für die Erklärung eines Ereignisses in der Natur immer ein anderes, worauf sie es ursächlich zurückführen können. Auch für den allerersten Vorgang müssten sie demnach eine Erklärung aus einem anderen finden, und schon wäre es nicht mehr der allererste. Es erscheint also letztlich sinnlos, die Frage nach dem Ursprung überhaupt zu stellen, und doch ist sie so spannend, weil sie uns antreibt, bezüglich der Genese des Alls immer weiter zurückzublicken.

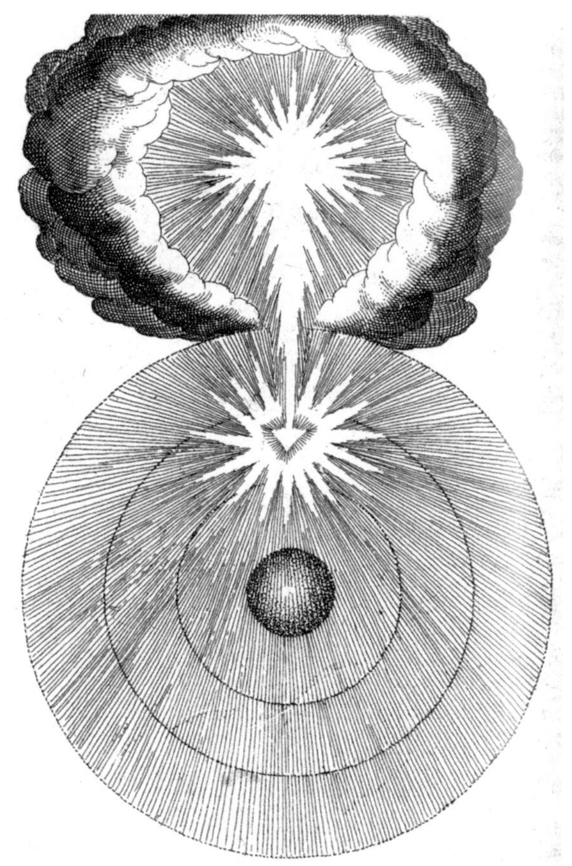

Die göttliche Kraft durchflutet das ganze Universum. Robert Fludd, Philosoph und Arzt, Philosophia sacra, Frankfurt, 1626

In diesem Sinne wollen heute immer mehr Physiker den Urknall lieber als Durchgang sehen, als eine Übergangsphase zwischen zwei aufeinander folgenden Universen, einem, das sich bis zur äußersten Konzentration zusammengezogen hat, und einem, nämlich dem unsrigen, das sich, ausgelöst durch den Urknall, nun beschleunigt ausdehnt. Diese Theorie verschiebt allerdings, wie ausgeführt, die Ursprungsfrage nur weiter nach hinten, ohne Entscheidendes für ihre Beantwortung zu gewinnen.

Die Frage nach dem Ursprung des Ursprungs wird so zum hoffnungslosen Unterfangen, und die Rettung aus dem unendlichen Zurückfragen liegt dann nur noch im Nichts, aus dem, wenn es denn überhaupt einen Anfang gab, alles hervorgegangen sein muss. Für unser Denken wird das zu einem unauflösbaren Widerspruch, für den dann letztlich der Begriff Gott herhalten muss. In diesem Sinne hat sich auch Papst Benedikt einmal gegenüber Stephen Hawking geäußert, indem er sagte, für die Zeit nach dem Urknall sei Hawking zuständig, für alles davor er.

Die konzentrischen Fundamente der Tholos in Epidauros

Tholos-Reste in der Athener Agora

Tholos 1

Ein Blick in die Tiefe am Nabel der Welt

Unter den zahlreichen sakralen Bauten, die uns die alten Griechen hinterlassen haben, fallen einige wenige durch ihre runde Form ins Auge und architektonisch aus dem Rahmen. Diese sogenannten Tholoi geben uns bis heute Rätsel auf, und so merken denn auch die meisten Reiseführer artig an, dass Sinn und Funktion der Rundtempel bislang unbekannt seien.

Die Seltenheit verleiht den Tholoi eine besondere Bedeutung, sie scheinen ein Geheimnis zu bergen, vielleicht das Geheimnis schlechthin, das die Weisen des alten Griechenland als etwas Heiliges, gleichsam Unaussprechliches gehütet haben. Nur so ist es wohl auch zu erklären, dass Pausanias, der sonst so akribische Reiseführer der Antike, die Tholoi zwar erwähnt, aber keiner auch noch so kurzen Erklärung gewürdigt hat.

Eine der drei bedeutendsten uns in ihren Fundamenten erhaltenen Tholoi legt den Schluss nahe, es handele sich um einen besonderen Tempel mit spezieller Funktion. Die Tholos im Athena-Heiligtum von Delphi zeigt sich uns nämlich als Rundbau mit einem von einem Schlussstein bedeckten Loch in der Mitte und – vermutlich nach späterem Umbau – mit einem doppelten Säulenkranz um eine runde Cella herum. Keine Frage, hier muss eine ganz besondere Form des Götterkults stattgefunden haben.

Das ebenfalls einem runden „Tempel" gleichende Philippeion in Olympia, von Philipp von Makedonien anlässlich des Sieges bei Chaironeia errichtet, wurde von dessen Sohn Alexander dem Großen als Grab und Gedenkstätte aufgefasst und in diesem Sinne fertiggestellt.

Rekonstruktion der Tholos in Delphi

Das Philippeion in Olympia in einer Rekonstruktion

Das Philippeion in Olympia im derzeitigen teilrestaurierten Zustand

Rekonstruktion der Tholos in Epidauros

Schließlich die wegen ihres labyrinthartigen Inneren besonders mysteriöse Tholos in Epidauros – in letzter Zeit recht gut erforscht und, wie es scheint, zuverlässig rekonstruiert – scheint eine symbolische Heilstätte im Kontext des dortigen Sanatoriums und Asklepios-Kults gewesen zu sein. Die Gemeinsamkeit der drei Bauten kann also kaum in ihrer Funktion gelegen haben, sondern muss von uns in tieferen Gründen gesucht werden. Allem Anschein nach kann dazu ein Blick auf die vorsokratische Naturphilosophie von entscheidendem Nutzen sein.

2. Wer oder was ist Gott?

Die Frage nach dem richtigen Glauben

Mit ihren klugen Hypothesen und Spekulationen sind die frühgriechischen Naturphilosophen dem Verständnis von Gott und der Welt möglicherweise wesentlich näher gekommen als die prophetischen Stifter der monotheistischen Religionen. Denn diese verfielen der Neigung, aus den vorgefundenen vermenschlichten Göttern den einen vermenschlichten Gott zu machen. Wer den Logos als Weltgesetz oder, wie Goethe, als alles initiierende sinnvolle Tatkraft begreift, kann kein Verständnis dafür haben, dass jemand das Wort derart beim Wort genommen hat, dass er ernsthaft behauptete, der eine Gott habe zu ihm gesprochen.

Die Propheten, die – hoffentlich nicht mit der Absicht bewusster Täuschung! – ihren Mitmenschen weismachten, sie hätten Gottes Wort vernommen, und sich eben darauf beriefen, als sie der Menschheit, die zu dieser Zeit für solche Botschaften offenbar empfänglich war, verkündeten, was sie von nun an zu glauben bzw. zu tun und zu lassen hätte, bauten unsere großen Religionen auf einem fatalen Missverständnis auf. Sie verkannten nämlich den wahren Sinn der vermenschlichten Vielgötterei, in der, um der allgemeinen Verständlichkeit und besseren Anschaulichkeit willen, die noch unerklärten Phänomene der Natur und eben auch des naturbestimmten menschlichen Verhaltens personifiziert worden waren.

Der eine Gott galt den frühen Menschen als unbekannt, ist auch durch die Ergründungen der griechischen Vorsokratiker nur wenig bekannter geworden und taugt nicht für die Verengung zu einer Gestalt mit menschlichen Eigenschaften, einer z. B. zu einem Propheten sprechenden, einer zwischen zorniger Strenge und gnädiger Barmherzigkeit schwankenden und einer, die uns Moral vorgibt oder jene teilt, die von uns bereits praktiziert wird. Wählt dieser vermeintliche Gott etwa bei Naturkatastrophen seine Opfer nach unseren christlich-moralischen Kriterien aus? Ist überhaupt so etwas wie Moral in der Natur erkennbar, oder handelt es sich dabei nicht vielmehr um eine ausschließlich menschliche Erfindung, die auch nur für Menschen untereinander gelten kann?

Der fatale Irrtum, dass Gott unseren Vorstellungen von einem moralisch absolut integren Übermenschen entspreche, ist verantwortlich dafür, dass Menschen im Namen dieses Gottes zu „heiligen“ Kriegern werden und einander um des „wahren Glaubens“ willen bekämpfen und sogar ums Leben bringen – vielleicht das größte Übel unserer Zeit. Ein religiöser Wahrheitsanspruch ist ohnehin ein Widerspruch in sich, er verwechselt Glaube und Wissen, ist insofern dumm, in seiner

Gott als Welt-Schöpfer. Luther-Bibel von 1534

Wirkung inhuman und völlig unvereinbar mit dem griechischen Geist, dem der Gedanke des Humanismus entsprungen ist.

An etwas zu glauben, das wir nicht wissen und auch niemals wissen können, sei jedem unbenommen. Einen „wahren" Glauben, aus dem womöglich Ansprüche auch gegen andere erwachsen, kann und darf es jedoch nicht geben. Der eine Gott der monotheistischen Religionen ist für uns in Wahrheit nicht zu erkennen, ist und bleibt so unsichtbar wie der Urknall, den wir logischerweise auch niemals werden sehen können, so weit wir auch mit immer besseren Teleskopen in die Urgeschichte des Universums zurückblicken mögen.

Der Agnostiker muss Gott nicht leugnen, wird aber – völlig zu Recht – sich niemals anmaßen, über ihn verbindliche Äußerungen zu machen. Würde er Gott „begreifen", also verstehend erfassen, hätte er ihn so minimiert, dass er zum „Begriff", also zu einem von anderen zu unterscheidenden Teil des Weltganzen geschrumpft wäre und den Namen „Gott" nicht mehr verdiente.

Fazit: Den einen Gott (er)kennen wir nicht, er ist das Nichts, aus dem alles wurde, und ist unserem kausalen Denken entzogen. Was wir jedoch ergründen können, ist sein Walten in der sich laufend verändernden Welt. Insoweit, wie wir aus der Betrachtung eines Gebäudes Rückschlüsse auf den Architekten ziehen können, ermöglicht uns der Weltenlauf, Göttliches zu erkennen. Allerdings ist, wie das folgende Kapitel näher ausführen wird, auch unser Blick auf die Welt anthropozentrisch, d. h. so subjektiv, wie unsere menschlichen Wahrnehmungsmöglichkeiten von Natur aus nun einmal sind.

Der Logos des Herakleitos, in der Brechung des Wort-Verständnisses, wie es uns Goethe im „Faust“-Monolog vermittelt, mag das Äußerste sein, was sich über die Prinzipien Gottes aussagen lässt. Mit Gott selbst aber ergeht es uns wie mit der Sonne, dem einen Gott der alten Ägypter: Schauen wir direkt in ihr strahlendes Licht, wird uns schwarz vor Augen. Übertreiben wir es, erblinden wir.

Das Orakel unter dem Tempel des Apollon suchte die Weisheit der Erdgöttin Gaia

Tholos 2

Es wird sich als sinnvoll erweisen, die Suche nach dem Geheimnis der Tholoi vorrangig in Delphi vorzunehmen, dort, wo sich nach alter Vorstellung der Nabel der Welt befand und viele grundlegende Gedanken ihren ersten Ausdruck gefunden haben. Es war gerade das Athena-Heiligtum mit der auffälligen Tholos, das von allen Delphi-Besuchern zuerst durchschritten werden musste.

Wie in Olympia in frühester Zeit Kronos, der Vater des Zeus, wurde in Delphi die Urmutter Gaia verehrt. Apollon, Dionysos und erst recht Athena, Gottheiten einer späteren Generation, gelangten erst nach Delphi, als die Bedeutung der Urgötter zunehmend verblasste.

Gaia, die Göttin der Tiefe der Erde, barg die Geheimnisse der Welt und namentlich ihrer Entstehung. Aus ihrem Schoß erwuchs alles Lebendige, sie musste den Alten als Urgrund allen Seins erscheinen. Da war es später nur logisch, dass Apollon, im Mythos gelegentlich auch als Sohn der Gaia aufgeführt, von der Kykladeninsel Delos in die wilde Gebirgslandschaft von Delphi umzog, um als Gott des aus dem Erdinneren kündenden Orakels künftig hier der Gaia ihre verborgenen Weisheiten zu entreißen. Sie sollten der Menschheit über Jahrhunderte hinweg die richtigen Wege weisen.

Im heutigen Zustand:
die Tholos im Athena-Heiligtum von Delphi

Ein Omphalos – der Nabel der Welt –, wohl aus römischer Zeit, im ApollonHeiligtum von Delphi

3. Schein oder Sein?

Die Frage nach der richtigen Wahrnehmung

Wir sind gemeinhin der Überzeugung, dass wir die Welt so wahrnehmen, wie sie ist. Ein paar Irritationen haben wir dabei eingeplant, weil wir ihre Ursachen kennen. Etwa, dass bei ihrem Untergang die Sonne viel größer erscheint als am Tage, wenn sie hoch am Himmel steht, oder dass wir nach einem Blitz den von ihm ausgelösten Donner erst viel später hören, das akzeptieren wir, weil wir gelernt haben, warum das so ist. Und darüber, dass entferntere Dinge kleiner erscheinen als näher gelegene, denken wir gar nicht mehr nach, weil wir das fortwährend so erleben und uns längst daran gewöhnt haben, andererseits über die wahren Größen der Dinge Bescheid wissen.

Es gibt aber nicht nur einzelne Sinnestäuschungen, derer wir uns als solcher bewusst sind oder auch nicht, sondern die Welt in ihrer Gesamtheit ist nicht die, die wir wahrnehmen. Sie kann es gar nicht sein, da wir auf unsere Wahrnehmungsorgane angewiesen sind und auf das, was sie uns gerade so vermitteln, wie sie es aufnehmen. Und wie sie es aufnehmen, hängt primär von ihrer Beschaffenheit ab und erst sekundär davon, wie die Dinge wirklich sind.

Wie die Dinge *wirklich* sind – in diesem Sprachgebrauch liegt die bittere Wahrheit, die schon Platon in seinem berühmten „Höhlengleichnis“ veranschaulicht und Immanuel Kant in seinem „Ding an sich“ angesprochen hat, dass wir nur mit der Wirkung der Dinge zu tun haben, nicht mit ihrer eigentlichen Beschaffenheit. Kant kommt dabei noch das Verdienst zu, uns klar gemacht zu haben, dass nicht nur unsere Sinnesorgane, wie z. B. unsere Augen und Ohren, in ihrer Wahrnehmungsfähigkeit spezifisch und beschränkt sind und uns entsprechend etwas vorgaukeln, sondern auch unser Gehirn seinen eigenen Gesetzen folgt, ganz abgesehen davon, dass es ja im Wesentlichen eben jene Informationen verarbeitet, die ihm von den Sinnesorganen zuvor vermutlich ziemlich unzureichend vermittelt wurden.

Die Unzulänglichkeit sowohl der für unsere Wahrnehmung zuständigen Organe als auch des Gehirns führt nicht nur dazu, dass wir vieles falsch oder überhaupt gar nicht erst erfassen, sondern auch dazu, dass wir etwas wahrnehmen, das es so überhaupt nicht gibt. So ist ausgerechnet das Licht, das uns das optische Wahrnehmen erst ermöglicht und daher wohl auch in der biblischen Schöpfungsgeschichte ganz am Anfang steht („Und Gott sprach: Es werde Licht, und es ward Licht“), keine Eigenschaft unserer Welt, sondern ein reines Produkt unserer organischen Beschaffenheit. Elektromagnetische Wellen in einem gar nicht allzu großen Frequenzbereich werden auf dem Weg von der Netzhaut unserer Augen zum Gehirn, also in völliger Dunkelheit, entscheidend umgewandelt. Was wir als Licht wahrnehmen, ist somit nichts anderes als ein „Seherlebnis“, wie es Hoimar v. Ditfurth einmal genannt hat. Dieselben elektromagnetischen Wellen, nur in einem ganz anderen Frequenzbereich, würden, so v. Ditfurth, von uns als Wärme empfunden, ohne dabei zugleich das Seherlebnis „Licht“ hervorzurufen.

Einige Wissenschaftler schließen aus diesen und vergleichbaren Erkenntnissen, dass es die Welt, die wir wahrnehmen, vielleicht überhaupt nicht gibt oder dass sie zumindest ganz anders ist als so, wie wir sie mit unseren Sinnen erfassen. Vielleicht muss man nicht so weit gehen, aber wir sollten uns jederzeit dessen bewusst sein, dass uns ein objektiver Blick, ohnehin ein Widerspruch in sich, auf die Welt verwehrt ist. Wir können sie und das Treiben auf ihr dann wohl gelassener sehen und werden mit unseren Urteilen vorsichtiger sein, wenn wir im Hinterkopf haben, dass alles auch ganz anders sein könnte, als wir es wahrnehmen.

Tholos 3

Zeus hatte Delphi zum Nabel der Welt erklärt, also zum absoluten Zentrum der Erde. Er hatte von beiden Enden der Welt zwei Adler starten und aufeinander zufliegen lassen. Just über Delphi waren sie zusammengestoßen, und so wurde an eben dieser Stelle ein Omphalos, das Symbol eines Weltennabels, aufgestellt. Und genau dort ließ Apollon logischerweise die heilige Orakelstätte errichten, die gleichsam als Zentralgewalt der alten Welt fungieren sollte. Man integrierte sie in das Fundament eines Tempels, der dem Apollon geweiht wurde.

Vordergründig könnte die delphische Tholos demnach das Erdenrund, hintergründig das Umkreisen des kosmischen Urgrunds versinnbildlichen, und zwar mit der Möglichkeit, im Zentrum symbolischen Einblick in das Innerste der Welt zu nehmen und dabei tiefstmögliche Einsichten zu gewinnen.

Ein wichtiges Indiz für diese Deutung könnte die exponierte Lage der später zum Athena-Tempel umgebauten Tholos sein, nämlich auf der untersten Terrasse des gesamten delphischen Heiligtums tief unterhalb des schon erwähnten Apollon-Tempels und des Weltennabels.

4. Tod – na und?

Die Frage nach dem richtigen Sterben

„Solange wir sind, ist der Tod nicht, und wenn der Tod ist, dann sind wir nicht.“ So einfach war das für Epikur, den wohl glücklichsten unter den alten Griechen, der den Schrecken des Damoklesschwerts, das Zeit unseres Lebens über uns hängt, die Furcht vor dem jederzeit möglichen Tod, erst beseitigen musste, um seine Vorstellung von einem ungetrübt glücklichen Leben nicht nur vertreten, sondern auch realisieren zu können. Aber ist es so einfach? Haben wir mit unserem Tod wirklich nichts zu tun, weil er uns als (Er)Lebende nicht betrifft?

Ja, wenn wir denn sicher sein können, dass von uns nichts bleibt, das nach dem Leben noch erleben könnte. Und was an uns ist denn erlebnisfähig? Im Prinzip der ganze Körper mit seinen vielfältigen Wahrnehmungssensoren. Vor allem aber sind es die Sinnesorgane und natürlich jene Teile des Gehirns, die uns die Wahrnehmungen erst bewusst machen und sie zudem in der Erinnerung halten. Das also macht uns zu Wesen, die die Welt und die Vorgänge in ihr erleben, reflektieren und bewahren können, dass wir über ein die Eindrücke bemerkbar machendes und sie speicherndes Bewusstsein verfügen und dabei auch stets unserer selbst bewusst sind als der sie erlebt habenden Person.

Die Grabstele der Hegeso vom Athener Friedhof Kerameikos

Wird davon etwas bleiben, wenn unser Leib zu Staub zerfallen sein wird?

Das begreifende Denken bietet uns zur Erfassung der menschlichen Natur gemeinhin zwei gleichermaßen fragwürdige Alternativen an. Es unterscheidet zum einen zwischen Körper und Geist, wobei die Seele, was immer wir darunter verstehen wollen, dem Geist zugeschrieben wird. So hat es z. B. Platon gesehen. Oder es fügt den beiden Bestandteilen Körper und Geist die Seele als einen dritten hinzu, wohl in der bösen Ahnung, mit dem Körper könne zugleich der Geist ausgelöscht werden, sodass ein Drittes an uns sein muss, das den Tod überleben kann.

Das so unterscheidende, in diesem Fall besonders radikal trennende begriffliche Denken widerspricht im Grunde allem, was wir über den Menschen bzw. überhaupt das Lebendige wissen. Was uns ja zu allererst kennzeichnet, ist unser Ich, ist das Bewusstsein unserer selbst. Mein Tod interessiert mich, weil er mein Ich-Sein bedroht. Dass alle anderen vergänglich sind, weiß und ertrage ich. Aber dass auch ich, der ich nichts außer diesem einen eigenen Leben kenne, eben dieses verlieren und plötzlich nicht mehr sein soll, das erscheint mir unvorstellbar und unerträglich. Und so steckt auch in so selbstlos daherkommenden Todesbeschreibungen wie „Das subjektive Ich löst sich im Objektiven des göttlichen Ganzen auf" noch ein Fünkchen Hoffnung, irgendetwas von meinem Ich dürfe diese meine Auflösung und eventuelle Wiederverwertung miterleben.

Aber was macht mein Ich denn tatsächlich aus? Ist es nicht, in ständigem Wandel begriffen, die jeweilige Summe alles von mir schon Erlebten und von der Zukunft noch Erwarteten? Was ich schon erlebt habe oder vom Leben noch erwarte, ist aber nichts anderes als das, was mein Gehirn an Gefühltem und Gedachtem für mich verifiziert, d. h. meinem Bewusstsein oder Unterbewusstsein jeweils zuführt. Subjekt des Erlebens ist einzig mein Körper, denn er besitzt die Sinnesorgane, die mir die verschiedenen Eindrücke vom Leben vermitteln, und er stellt zudem das Gehirn als das offenbar wichtigste Organ, das imstande ist, mir die Verifikation des Vermittelten zu bewerkstelligen und meine Reaktion darauf zu entwerfen.

Schon die alten Ägypter scheinen sich der Unverzichtbarkeit des Körpers und besonders des Gehirns für das Fortleben der Seele, also des jeweiligen Ichs, bewusst gewesen zu sein. Indem sie den Körper durch aufwendige Einbalsamierung und Mumifizierung um jeden Preis zu erhalten suchten, wollten sie dem Gestorbenen eine Existenz im Jenseits sichern, das mit dem vergangenen Leben in engster Beziehung bleiben konnte.

Wir mögen dieses Bemühen im Rahmen des ägyptischen Totenkults heute belächeln, weil wir zu wissen glauben, dass auch ein noch so gut konservierter Körper so tot bleibt wie die Asche eines kremierten Gestorbenen und somit nicht an sein früheres Leben anschließen kann. Und uns sollte dann auch klar sein, dass das Gehirn, das die Ägypter übrigens aus dem Toten entfernten und in einem Gefäß gesondert aufbewahrten, das Schicksal aller unserer Organe teilt und seine Funktionstüchtigkeit mit dem Tod ein für alle Mal verliert. So erlischt offenbar alles, was unser Selbst im Leben ausgemacht hat, und zwar das Empfinden erfahrener Eindrücke ebenso wie das Nachdenken über sie und überhaupt das Denken an oder über etwas.

Es entbehrt also jeder Grundlage, wenn ich dem Menschen einen individuellen Geist unabhängig von seinem erlebnisfähigen und vergänglichen Organismus unterstelle. Ein solcher Geist, gäbe es ihn und würden wir ihn Seele nennen, hätte mit meinem durch das (Er)Leben definierten Ich nichts zu tun. Übrigens muss da auch unser christliches Glaubensbekenntnis kapitulieren, das – in freier Nachahmung der ägyptischen Mumifizierungsbemühungen – aus dem beschriebenen guten Grund zeitweise die *fleischliche* Auferstehung verhieß.

Der weise Homer stellt uns den schlauen Odysseus vor Augen, dem einst das vermeintlich verlockende Angebot des ewigen Lebens gemacht wurde. Die Nymphe Kalypso hatte den umgetriebenen Abenteurer fast ein Jahrzehnt lang mit Liebe verwöhnt und ihn somit die sehnsüchtig wartende Gattin Penelope vergessen lassen. Um den geliebten Helden nun für immer an sich zu binden, stellte sie ihm die Unsterblichkeit in Aussicht, für den Fall, dass er auf immer bei ihr bliebe. Odysseus erbat sich eine kurze Bedenkzeit, verließ die

Arnold Böcklin,
Odysseus und Kalypso, 1883, Basel, Kunstmuseum

behagliche Grotte der Nymphe und erklomm einen rauen Felsen, von dem er hinaus auf das Meer und in Richtung Ithaka schauen konnte. Dort dachte er kurz nach. Dann kehrte er zur Höhle zurück und eröffnete Kalypso seine Entscheidung. Sie lautete: Hilf mir beim Bau eines Floßes für meine Heimkehr nach Ithaka!

Odysseus' Reaktion auf die Offerte Kalypsos kann nur so erklärt werden, dass er schnell durchschaut hat, wie letztlich wenig verlockend das Angebot der Nymphe war. Denn worin besteht das Glück des Lebens, wie wir es kennen? Es ist doch erstens gerade dadurch gekennzeichnet, dass es sich vom ebenfalls zu erfahrenen Unglück abhebt. Und zweitens ist es von uns nur dadurch zu genießen, dass wir um seine Vergänglichkeit wissen. Jeglicher

Genuss ist auf unser Bewusstsein von der Kürze unseres Lebens und seiner Endlichkeit angewiesen, die eine beliebige Ausdehnung oder Wiederholung des Erlebten ausschließt. Etwa bei Heidegger liest sich das so, dass die Gesamtheit unseres irdischen Daseins als *Sein zum Tode* begriffen werden müsse. In diesem Sinne sorgt die Gewissheit, dass wir sterben müssen, dass also unser gesamtes Dasein ein unabwendbares Ende hat, dafür, dass wir die glücklichen Augenblicke oder Zustände feiern und uns über die unglücklichen hinwegtrösten können.

Ich wüsste nicht, dass es bisher auch nur einem Menschen oder gar einer der vielen Religionen gelungen wäre, ein Paradies zu entwerfen, in dem ohne Ende zu leben für den Menschen erstrebenswert sein könnte. Wo immer Nektar und Ambrosia gereicht würden, hätten sie ihre Köstlichkeit bald eingebüßt. Eine endlose Zeit mit gleichbleibender Sorglosigkeit und Verwöhnung wäre kein Traum, sondern ein Albtraum. Wo die Zeit aber aufgehoben ist – und nichts anderes darf ja vernünftigerweise unter Ewigkeit verstanden werden! – und demnach sich nichts mehr ereignen kann, da gibt es auch nichts mehr zu erleben. Da hat also das Glück, wie wir es kennen, seine Grundlage eingebüßt. Insofern war die Vertreibung aus dem Paradies auch keine Strafe, sondern eher ein Gnadenakt Gottes und widerfuhr – Gott sei Dank! – schon gleich dem ersten Menschenpaar.

Was aber ist die Alternative, und welche Auswirkungen hat sie auf unser Gemüt, wenn ihr womöglich die weitaus höhere Wahrscheinlichkeit zukommt? Ist sie am Ende die beruhigendere?

Der kluge Sokrates soll – den Abschiedstränen seiner Freunde zum Trotz – wohlgemut den Schierlingsbecher geleert haben, weil er sich dessen sicher war, alsbald im Tode aller Einsichten teilhaftig zu werden, die ihm im Leben versagt geblieben waren. Das erhoffte er sich als Lohn dafür, dass er sich lebenslang um Erkenntnis bemüht hatte, von der unendlichen Neugier eines der metaphysischen Ethik ergebenen Philosophen getrieben. Überdies glaubte er, das wahre Sein, die Welt der *Ideen*, sei ein Überbau der von uns erlebten realen Welt und in sie kehre die immaterielle Seele ein, wenn der Tod sie aus dem *Gefängnis des Körpers* befreit habe.

Doch Sokrates bedachte, wenn wir der Überlieferung Platons trauen dürfen, auch die Möglichkeit, dass es diese von der unsrigen getrennte Welt des Geistes nicht gibt, sondern nur die eine, die wir in der Einheit von Körper und Geist bzw. Seele im Leben erfahren. In diesem Fall sei der Tod ein *ewiger Schlaf*, also ein aus der Zeit genommener Zustand jenseits aller Wahrnehmung, ein Zustand übrigens, den wir in jeder Nacht, in der wir in einen traumlosen Tiefschlaf versinken, schon zu Lebzeiten immer wieder „kennenlernen".

Stéphane Hessel hat seine Genugtuung angesichts dieser Sicht auf den Tod geäußert und vom Schlaf gesprochen, der unser Leben umgebe, der ihm nachfolge, wie er ihm vorausgegangen sei. Dieses Nichts des ewigen Schlafs fürchte er nicht, sondern er empfinde es als positiv. Und so sehen wir es doch eigentlich auch. Nämlich nach einer Nacht, in der wir besonders tief geschlafen haben, werden wir auf die Frage „Hast du gut geschlafen?" am ehesten antworten: „Ja, sogar sehr gut!"

Hier holt uns Epikur wieder ein. Den Tiefschlaf „erleben" wir nicht als etwas, das wir fürchten müssten. Eher schrecken uns die Albträume eines Halbschlafs, wie uns das Sterben eher schrecken muss als der Tod, der uns aus dem Sterben erlöst. Der Tod selbst wird so zum Nichts, an dem wir nicht mehr aktiv erlebend teilhaben, der also, wie Epikur es gesagt hat, mit uns nichts mehr zu tun hat. Aber wie tröstlich ist die Einsicht, dass von uns nichts bleibt, unser Ich mit dem Tode erlischt?

Sehr tröstlich, weil sie uns die Angst vor dem Tod nimmt, der sich buchstäblich in ein Nichts auflöst, in ein positives Nichts, wie Hessel uns gelehrt hat. Tröstlich aber auch deshalb, weil bei unseren Mitmenschen, die wir zurücklassen, die liebende Erinnerung frei von der Sorge um unsere Zukunft bleiben darf. In der Liebe und der Erinnerung leben wir ja weiter, in unseren Kindern oder Freunden etwa, um die wir uns verdient gemacht haben, überhaupt in den Spuren, die wir vielleicht hinterlassen haben. Mehr geht nicht, aber das ist auch mehr als genug.

Bleibt noch nachzutragen, dass Epikur wie den Tod auch das Sterben zu meistern verstand. Unter schweren und schmerzhaften Koliken leidend, erklärte er sich auf dem Sterbebett ein letztes Mal zum glücklichen Menschen. Er verfasste einen Abschiedsbrief, in dem er sich und seine Freunde an die wunderbaren Gespräche erinnerte, die er mit ihnen geführt hatte. So gelang es ihm, vergangenes Glück in die aussichtslose Gegenwart zu transportieren und somit noch im Sterben ein glücklicher Mensch zu sein.

Die Tholos des Philippeions in Olympia, symbolische Grabstätte Philipps II. von Makedonien, vor der Restaurierung

Tholos 4

Im Zentrum der ältesten Tholoi befand sich jeweils ein Loch, offenbar durch einen Deckstein verschlossen, der sich abheben ließ, wenn der fragende bzw. suchende Blick in die Tiefe, in den Urgrund gerichtet werden sollte.

Ahnten die alten Griechen bereits, dass tief in der Erde ewiges Feuer lodert? Der Ausbruch des Meeresvulkans von Thera hatte davon eindrucksvolles Zeugnis abgelegt. Hephaistos schmiedete in der kreisrunden Tiefe des Ätna-Kraters die Rüstungen für Götter und Helden.

Verräterisch scheint auch zu sein, dass die Römer ihre späteren Rundtempel der Vesta (griech. Hestia) weihten, also der Göttin des häuslichen Herdes. Die ebenso runde Feuerstelle war genau in der Mitte des Tempels, da, wo sie sich praktisch in jedem antiken Haus befand.

Die Tholos des Prytaneions in Athen diente staatlichen Gastmählern. Die Prytanen, Hüter des Staatsschatzes, bewachten im Auftrag der Hestia die heilige Feuerstelle im Zentrum des Rundbaus. Der Anschluss an die Tholos-Tradition der griechischen Antike ist unübersehbar.

Fundament des Prytaneions auf der Athener Agora

Das Feuer zerstört und lässt zugleich Neues entstehen, das Urfeuer war jene Urkraft, die im Sinne des Logos, wie Goethe ihn auslegte, in sinnvoller Tat die Welt erschuf. Die ältesten Tholoi dürften mit einer Feuerstelle über dem Deckstein, mit dem das zentrale Erdloch verschlossen gehalten wurde, in diesem Sinne das Geheimnis der Gaia gehütet haben, das alles durchziehende Prinzip des Kreislaufs, des fließenden Wechsels von Werden und Vergehen.

Im Zentrum jeder Tholos befand sich ein Erdloch, mit einem Stein abgedeckt, darüber womöglich eine Feuerstelle

Glück – wie geht das?

Die Frage nach dem richtigen Leben

Das Kind kommt gelaufen.
Mutter, binde mir die Schürze!
Die Schürze wird gebunden.

So einfach geht Glück bei Bertolt Brecht. Das Kind will der Mutter offenbar zur Hand gehen. Es muss, wie es scheint, nicht einmal darum bitten, dass die Mutter ihm die Schürze bindet, es ist sich dessen sicher, dass sie es tun wird. Der Dichter drückt diese Selbstverständlichkeit durch das Passiv aus. Statt „Die Mutter bindet die Schürze" heißt es ganz allgemein: „Die Schürze wird gebunden." Hier herrscht absolutes Vertrauen, hier herrschen glückliche Verhältnisse.

Glück geht tatsächlich ganz einfach. Man muss nur die richtige Einstellung zum Leben haben, wie es ist. Das Leben verläuft wie eine Straße in hügeligem Gelände. Es führt nach oben und nach unten, bald sanfter, bald steiler, gelegentlich auch auf höchste Gipfel, dann aber auch wieder in tiefste Täler. Und so ergeht es jedem Leben.

Der schlaue Till Eulenspiegel wusste mit dieser Tatsache gut umzugehen. Wenn er mit seinem Fahrrad bergauf fuhr, dachte er schon einmal voraus und freute sich darauf, bald ohne Anstrengung bergab sausen zu können.

Selbstportrait mit Tochter.
Elisabeth Louise Vigee Le Brun, 1755-1842,
Paris, Öouvre

Fuhr er dagegen bergab, freute er sich eben darüber, dass er ohne Anstrengung bergab sauste. So konnte er sich also immer freuen.

Der Leser möge bemerken, dass hier nicht von den vielen Glücksbringern die Rede ist, die immer aufs Neue von neunmalklugen Ratgebern empfohlen werden, sondern nur von dem, was jeder Mensch entweder schon von Natur aus mitbringt oder, wenn nicht, durchaus erlernen kann. Es geht um die innere Einstellung.

Die so oft wiederholten Sprüche, „Reich macht nicht glücklich" bzw. „Glück kann man nicht kaufen", lassen sich verallgemeinern: Überhaupt nichts *macht* glücklich, man *ist* glücklich oder nicht, Glück ist ein Gemütszustand, kein Ereignis, das von außen kommt. Allenfalls gibt es Lebensumstände, die es erleichtern oder erschweren können, glücklich zu sein, mitunter es vielleicht sogar völlig unmöglich machen.

Wiederum können wir uns in diesem Punkt bei Epikur Rat holen. Er legt uns nahe, in bescheidenen Umständen zu leben, weil dann die Möglichkeit, etwas als besonderen Luxus zu empfinden und genießen zu können, natürlich weitaus größer ist, als wenn man schon ständig von Luxus umgeben ist. Zudem rät er uns, gute Freunde um sich zu haben, mit denen man bei einem Glas Wein und einem Stück Käse schöne Gespräche führen kann. Schließlich empfiehlt er uns noch, nicht in die Politik zu gehen, wo man sich notgedrungen Feinde mache, und lieber fernab der Großstadt im Grünen zu wohnen, um nicht vom Trubel der Menge mitgerissen zu werden. Ansonsten erzählt uns Epikur nur, wie wir uns am besten auf das Leben, wie es nun einmal ist, einstellen sollten, damit es einen möglichst angenehmen Verlauf nimmt.

Obwohl man Epikur – wohl aus Neid auf seine Glücksfähigkeit – schon zu Lebzeiten unterstellt hat, er sei ein Lüstling und immer nur aufs Vergnügen aus, ist sein Hedonismus in Wahrheit von nichts anderem als der Vernunft geprägt. Es sei, so sagt er nämlich, völlig falsch, immer nur auf das Angenehme bedacht zu sein, weil dieses häufig viel mehr Unangenehmes nach sich ziehe. Stattdessen müsse man immer wieder Unangenehmes auf sich nehmen, um im Ergebnis mehr Freude zu empfangen. Als Beispiel führt er eine notwendige Operation an, die zwar schmerzhaft sein könne, sich aber im Endeffekt auszahlen werde.

Der letztlich größte Lustgewinn ist also nach Epikur nur dadurch zu erzielen, dass man von Fall zu Fall genau abwägt, welchen Spaß man sich gerade gönnt und auf welchen man besser verzichtet. Das Leben soll ja am Ende ein möglichst großer Genuss ohne allzu viel Reue gewesen sein.

Man kennt die Metapher vom halb vollen bzw. halb leeren Glas. Tatsächlich hängt davon letztlich alles ab, was das Glück im Sinne von Glückseligkeit betrifft. Schaut man hauptsächlich darauf, was man nicht hat, wird man von Neid befallen und leidet. Erfreut man sich dagegen an dem, was man hat, und vergleicht sich mit denen, die (noch) weniger haben, dann wird man zumindest schon einmal hochzufrieden sein, auch wenn man zugleich ein gewisses Mitleid empfinden mag.

Ein besonders eindrucksvolles Beispiel für die Relativität von Glücksempfindungen liefert uns eine Notiz Rosa Luxemburgs aus der Todeszelle. Auf ihr gewaltsames Lebensende wartend, nennt sie sich glücklich, als es ihr gelingt, durch die Gitterstäbe ihres Zellenfensters einen Vogel auszumachen, dessen von der Frühlingssonne ausgelöstes Gezwitscher sie wahrgenommen hat.

Etwas, worüber übrigens – von extremen Ausnahmen einmal abgesehen – jeder Mensch reichlich verfügt, das sind Hoffnungen und schöne Erinnerungen. Sie sind Befürchtungen und schlechten Erinnerungen allemal vorzuziehen. Diesbezüglich sei die berühmte Madeleine-Szene in Marcel Prousts „Die Suche nach der verlorenen Zeit" angeführt. Der Ich-Erzähler erlebt einen grauen Tag in grauer Stimmung, aus der er jäh herausgerissen wird, als er ein Madeleine-Küchlein in eine Tasse heißen Tees taucht und durch den Geruch, der nun in seine Nase aufsteigt, an glückliche Sommertage im Garten seiner Tante erinnert wird. Sie hatte es damals immer so gemacht, nämlich ihre Madeleine in heißen Tee getaucht und damit diesen unvergleichlichen Geruch erzeugt, der ihn jetzt beglückte.

Schlaflose Nächte sind übrigens bestens dazu geeignet, sich schöne Erinnerungen ins Gedächtnis zu rufen oder auch tolle Pläne zu schmieden. Aus der Not eine Tugend machen – auch noch so ein trefflicher Wink zum Glück!

Agnolo Bronzino, Allegorie des Glücks, 1564, Florenz, Uffizien

Der Renaissance-Künstler Agnolo Bronzino hat eine „Allegorie des Glücks" gemalt. Die Göttin des Glücks hat er nach der Tradition der Marienbilder gekleidet, unten blau, oben rot, erhebt sie damit in den heiligen Stand der Gottesmutter. Die Entblößung beider Brüste, nicht nur einer zum Zwecke der Kindessäugung, ist allerdings unverhohlen dem Anspruch des Malers auf Sinnlichkeit geschuldet. So ist auch aus dem Jesuskind konsequenterweise ein kleiner Amor geworden, der offenbar die leiblichen Liebesfreuden verkörpert, indem er seinen Liebespfeil auf das überquellende Füllhorn gerichtet hat.

Was also hält Bronzino für das Glück des Menschen? Das Füllhorn in der Linken der Göttin steht, wie schon angedeutet, für den leiblichen Genuss, aber auch für die Fruchtbarkeit, die früher einen weitaus höheren Stellenwert besaß als bei uns heute. Der Hermes-Stab – Hermes ist der Gott der Wege, weist also hier den richtigen Weg zum Glück – in der Rechten ist auf den Lorbeerkranz am oberen Bildrand gerichtet. Ruhm und Ehre wurden den Siegern bei den Pythischen Spielen in Delphi zuteil, indem sie mit einem Kranz aus Lorbeer bekrönt wurden, und zwar – anders als in Olympia – gerade auch für geistige bzw. musische Höchstleistungen.

Nun sind aber, wie wir gesehen haben, die Quellen des Glücks, mögen sie auch noch so sprudeln, noch nicht die Glückseligkeit selbst. Wie gut wissen wir heute, dass z. B. gerade auch Ehre und Ruhm zum Fluch werden können, wenn sie aufgrund der medialen Aufmerksamkeit alles Private zerstören. Hat Bronzino den Unterschied von (vermeintlichen) Glücksbringern und dem wahren Glück als Zustand der Seele womöglich noch nicht erkannt gehabt?

Das Gemälde würde es nicht wert sein, von uns näher betrachtet zu werden, wenn es so wäre. Rechts unterhalb der Glücksgöttin hält Fortuna, die Göttin des Schicksals, das Weltenrad in der Hand. Der Künstler zeigt uns, dass wir im Auf und Ab des Lebens mit Glück und Unglück zu rechnen haben, also auch mit leeren Füllhörnern und Unbilden aller Art. Wie wir dennoch ins Glück gelangen, verraten uns die beiden Damen zur Seite der zentralen Göttin. Die eine hält in der einen Hand ein Schwert, in der anderen einen Zirkel. Sie gibt sich also ambivalent, zeigt, dass der Mensch kämpferisch, aber auch mittels der Vernunft seine Kreise ziehen kann. Noch auffälliger ist jedoch die andere Figur. Die Erdkugel umfassend, ist sie janusköpfig gestaltet, demonstriert also, dass es zwei Blickrichtungen auf die Welt und das Leben gibt, eine, die dem Glück zugewendet ist, eine andere, die sich vom Glück abwendet.

Glücklich eingestellt – der Autor mit seiner Tochter Julia, am Ufer von Itea am Fuße des Parnassos

So war also auch dem Glücksmaler Bronzino bewusst, dass wir es selbst „in der Hand haben", wie wir unser Glück „schmieden" und unser Leben gestalten, bzw. selbst entscheiden können, wie wir die Welt betrachten wollen. Das Glück unserer Seele ist selbstverständlich auch bei dem Maler Bronzino vor allem eine Frage der Einstellung.

Tholos 5

Wir sahen in der delphischen Tholos das Bestreben der Alten, gemäß den Ursprungsforschungen der vorsokratischen Naturphilosophen, die übrigens auch schon den Begriff des Atoms als des kleinsten Teilchens prägten, dem Urgrund allen Seins auf die Spur zu kommen. In Gaias innerstem Schoß glaubten sie dieses Geheimnis verborgen. Den Schoß der alles hervorbringenden Erde haben sie in der Tholos umkreist, ihr, der Gaia, die Tholos als Kultstätte geweiht.

Da die Erde uns Menschen und zudem alles, was unsere Lebensgrundlage ausmacht, nicht nur hervorbringt, sondern nach dem Vergehen auch wieder zu sich nimmt, wird man in der Tholos immer auch eine Grabstätte erkennen müssen. Tatsächlich sind Rundgräber in vielen Kulturen traditionell, wie die prähistorischen Hünengräber im Norden genauso zeigen wie die etruskischen Grabanlagen von Cerveteri und die Mausoleen bis in unsere Zeit.

Im Zentrum der Tholos ist, wie schon gesagt, jeweils ein Erdloch zu vermuten, z. T. auch heute noch vor Ort zu erkennen, das als symbolischer Zugang zum Geheimnis im Schoß der Urmutter Gaia, also zum Urgrund der Welt angesehen werden muss. Alle Anlagen weisen zudem Bauelemente in Form konzentrischer Kreise auf, die sich um das zentrale Loch herum ausbreiten. Ob spezielle Kreisläufe damit gemeint sind oder einfach die allgemein zu beobachtenden im

Universum bis hin zu denen, die unser Leben betreffen, muss wohl offenbleiben.

Das griechische Wort Kosmos meint eigentlich Schmuck, also in Bezug auf das Universum eine schöne Ordnung im Sinne von zweckmäßig und harmonisch. Und was sich da so schön macht, z. B. der Lauf unserer Erde um die Sonne, ist Ergebnis eines sich immer wieder ausgleichenden Kampfes zweier gegensätzlicher Kräfte, in diesem Fall der Flieh- und der Schwerkraft.

Gott als Mittelpunkt der Erde (gemeint ist das Weltall), das Weltgeschehen konzentrisch um ihn herum, wir, die Menschen auf einem der Kreise, so hat es der delphische Athena-Tempel als Tholos versinnbildlicht. Um die runde Cella mit dem Erdloch herum, zwischen dorischen und ionischen Säulenringen, konnten die Besucher des Tempels lustwandeln und sich dabei über die Kreisläufe der Welt und das göttliche Geheimnis des Urgrunds im Schoße der Erde Gedanken machen.

Der Rundtempel der Athena Pronaia in Delphi, über der alten Tholos der Gaia errichtet

Was ist gerecht?

Die Frage nach der richtigen Verteilung

Wenn einer über Millionen oder gar über Milliarden verfügt, womöglich, ohne dafür arbeiten zu müssen, und ein anderer täglich schwere Arbeit verrichtet und trotzdem nicht genug Geld verdient, um würdig leben zu können, dann kann das nicht gerecht sein. Gleichwohl, es ist die Realität in unserer Gesellschaft und fast überall auf der Welt.

Da haben die Tiere es leichter und vielleicht auch besser. Sie haben kein Geld und müssen sich daher über dessen Verteilung keine Sorgen machen. Schön einfach wäre es daher, wenn wir nur in die Natur zu schauen und festzustellen hätten, wie sie organisiert ist, um dann dafür zu sorgen, dass es auch bei uns so ähnlich abläuft. Gott, so könnte man denken, wird die Natur schon so eingerichtet haben, dass es da mit rechten Dingen zugeht. Versuchen wir also, was das Miteinander betrifft, nach den Regeln der Tiere zu leben, zumindest der höher entwickelten, mit denen wir ja so vieles gemeinsam haben!

Die uralte Idee des Gottesstaats könnte so gelingen, vorausgesetzt eben, wir könnten das, was Gott in der Natur praktiziert, als auch für uns tauglich und gerecht ansehen. Das Gegenteil aber ist der Fall. Unser Moralempfinden widerspricht den Programmen, die in der Tierwelt ablaufen, mitunter diametral.

Für die Tiere steht – nicht zuletzt, um zumindest die Fortpflanzung zu sichern – der nackte Überlebenskampf durchweg an erster Stelle, und der besteht in der Regel darin, auf Nahrungssuche zu gehen und im Zweifelsfall andere Tiere zu jagen und zu fressen und zugleich darauf achtzugeben, nicht selbst gejagt und gefressen zu werden.

In der Tierwelt geht es nach unserem Empfinden unerträglich brutal zu. Das lässt sich unter anderem daran erkennen, dass wir unseren Kindern gern eine Natur mit vermenschlichten Tieren vorgaukeln, weil wir ihnen die bittere Wahrheit über das tatsächliche Walten in ihr nicht zumuten wollen.

Natürlich kämpfen auch wir Menschen zunächst einmal ums Überleben und wollen unsere Art erhalten. Auch wir gehen auf Beutefang, indem wir in Massen die Tiere vorhalten, die wir schlachten und verzehren wollen, und auch wir sind immer noch damit beschäftigt, uns irgendwie gegen die mächtigen Naturgewalten zu schützen.

Aber nach und nach und vor allem im Geiste der europäischen Aufklärung haben wir uns eine Moral geschaffen, die sich gerade nicht an der Natur orientiert, sondern das dort vorherrschende Recht des Stärkeren infrage stellt.

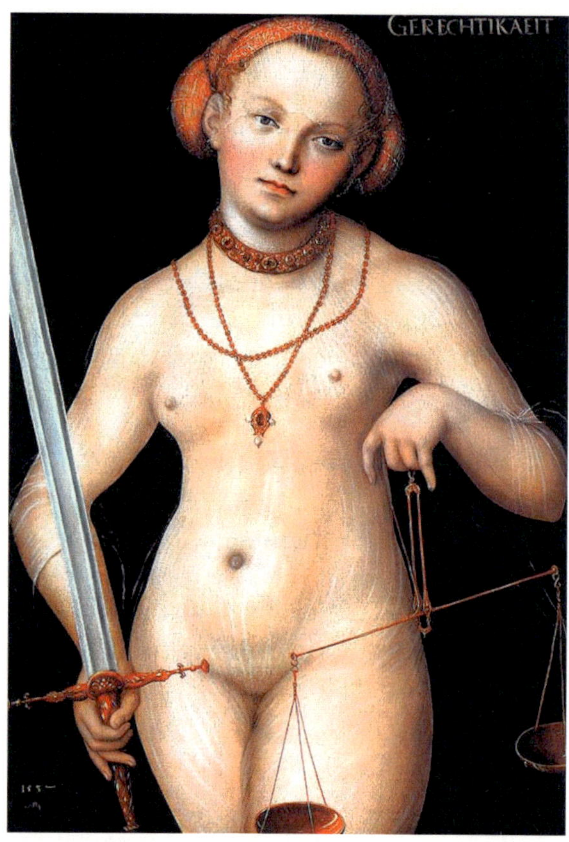

Gerechtigkeit als nackte Frau mit Schwert und Waage. Lucas Cranach d. Ä., 1537, Amsterdam Fridart Stichting

Mit dieser Moral versuchen wir die uns noch innewohnende Animalität zu zügeln und einem vermeintlich höheren Regelwerk zu unterwerfen, das uns soziale Pflichten auferlegt. Wir suchen dabei nach möglichst freiheitlichen und dennoch geordneten Formen des Zusammenlebens, die uns vernünftig erscheinen, wobei als vernünftig gilt, was sich in den Augen möglichst vieler bewährt.

Unsere Vorstellungen von einer gerecht lebenden Gesellschaft erfüllt sich am ehesten in der Einrichtung eines sogenannten Rechtsstaats. Der garantiert uns – neben einer von uns als gerecht empfundenen Chancengleichheit in Bezug auf unsere persönliche Entfaltung – vor allem Rechtssicherheit, d. h. das Absehen von Willkür und einer Rechtssprechung nach Laune des jeweiligen Regimes, wie wir sie z. B. in China und Russland immer noch vorfinden.

Nun schafft aber der Rechtsstaat noch keine Gerechtigkeit hinsichtlich der Verteilung von Geld und Gütern, es sei denn, er reglementiert diesen Bereich durch entsprechende Gesetze.

Der reale Sozialismus hat in der Praxis gezeigt, dass ein System, das die Freiheit, reicher zu werden als andere, rigoros beschneidet, einerseits die Anstrengungsbereitschaft des Einzelnen reduziert, andererseits diejenigen, die darüber wachen, dazu verführt, sich selbst vom System auszunehmen und schamlos zu bereichern.

Zwischen dem Kommunismus in der utopischen Idealfassung des Karl Marx und dem Raubtierkapitalismus unserer Tage gibt es jedoch viele Möglichkeiten vernünftiger Kompromisse. Dabei ist die leider zu Recht so oft gescholtene Globalisierung eine große Chance. Derzeit ist es ja noch möglich, dass die Superreichen mit ihrem Geld da untertauchen, wo sie von der Steuer ihres Heimatlandes weitgehend verschont bleiben. Das bedeutet, dass sie nicht nur über unverhältnismäßig viel Geld verfügen, sondern auch noch darum herumkommen, den für sie vorgesehenen Teil für den Staat und damit für die Allgemeinheit abzugeben. Dieses Unrecht zu beseitigen würde durch eine weltweit gleiche Steuergesetzgebung ermöglicht, also durch die Beseitigung sämtlicher Steueroasen und Schlupflöcher.

Ein global weitgehend einheitliches Steuerrecht könnte mit einer entsprechend deutlichen Progression und einer Erhöhung der Mehrwertsteuer auf alle Luxusgüter den unverhältnismäßig großen und zugleich sinnlosen Reichtum Einzelner in angemessener Weise eindämmen. Den Nutzen davon würde der Staat haben, der dann wiederum mehr Mittel für das allgemeine Wohl zur Verfügung hätte.

Generell muss es unser Rechtsempfinden stören, dass die privaten Vermögen weniger Bürger immer weiter und bis ins Unermessliche anwachsen, während der Staat kaum noch Geld für das Nötigste übrig hat. Es bedarf daher dringend einer Umverteilung von privatem zu öffentlichem Vermögen, das allen zugutekommt. Dazu müssten Erbschafts- und Vermögenssteuern in ausreichender Höhe erhoben und Erträge aus all jenen Wirtschaftszweigen, die der Grundversorgung der Bevölkerung dienen und daher unbedingt in die Hände des Staates gehören, genutzt werden. Diese, wie z. B. die Wasser und Energieversorgung, zu privatisieren heißt, sie in erster Linie der Gewinnmaximierung zugunsten von Managern und Aktionären auszuliefern oder, was ja längst gängige Praxis ist, sie zu Übernahmen auch branchenfremder Unternehmen zu verleiten, was in der Regel dazu führt, dass sie das ursprünglich vielleicht einmal vorhandene Interesse an der zu versorgenden Bevölkerung mehr und mehr aus dem Auge verlieren.

Gerecht wäre eine Wohlstandsverteilung, die in einem einigermaßen angemessenen Verhältnis zur Leistung stünde. Da stellt sich allerdings die Frage, wie Leistung zu messen bzw. zu bewerten sei. Die erbrachte Anstrengung ist ja nur ein Kriterium unter mehreren, die denkbar sind. Die Größe der Verantwortung wäre eine andere, wobei derzeit die hoch bezahlte Übernahme von großer Verantwortung oft mit gar keinem persönlichen Risiko mehr verbunden ist. *Verantwortung* aber fordert, wie das Wort verrät, eine angemessene *Antwort* derer, die sie auf sich genommen haben und ihr möglicherweise nicht gerecht geworden sind.

Es ist daher absurd, dass für einen Schaden, den von hoch bezahlten Vorständen kontrollierte und ebenfalls hoch bezahlte Manager verursacht haben, am Ende, wie erst kürzlich die Rettung der Banken gezeigt hat, die Allgemeinheit haftet. Wer glaubt, sich durch mitunter tollkühne Finanzgeschäfte unanständig bereichern zu können, aber die hohen Verluste, die er damit zugleich riskiert, dem Steuerzahler aufbürdet, versündigt sich am Allgemeinwohl und tritt jegliches Gerechtigkeitsgefühl mit Füßen. Dabei wurde das ehemals gerechte System, das aus Branchen bestand, die einander und letztlich uns allen zuarbeiten sollten, in letzter Zeit immer mehr verlassen, indem diese sich abkoppelten und verselbstständigten und nun nur noch von eigenem Gewinnstreben getrieben werden. Die Finanzbranche ist dafür zweifellos das schlimmste und weitreichendste Beispiel, denn sie dient längst nicht mehr in erster Linie dem Geldverkehr, der wiederum den Warenverkehr regulieren sollte, sondern sie ist zur Zockerei entartet und beschert den Zockern unanständigen Reichtum auf Kosten derer, die eigentlich vom Geldstrom profitieren sollten.

Seit die *Märkte*, also gleich mehrere – wie viele denn so? – und zudem reichlich anonyme geheimnisvolle Mächte, die Weltwirtschaft und längst auch die Politik fest im (Würge-) Griff haben, verstehen es einige Finanzjongleure, sich schamlos zu bereichern, weil sie sich in den für die Allgemeinheit nicht mehr durchschaubaren Markt- und Geldflussmechanismen am besten auskennen und sie zu ihrem Vorteil auszubeuten vermögen.

Vor dem Hintergrund immer maßloser wachsender Gier von ohnehin schon im Geld erstickenden Managern haben nun kürzlich ausgerechnet die kapitalorientierten Schweizer die Reißleine gezogen. Obwohl die nunmehr Betroffenen Millionen in eine Werbekampagne für die grenzenlose Bezahlung von Topmanagern investiert und das unerträgliche Argument ins Feld geführt hatten, bei einer Deckelung ihrer Bezüge würden gute Manager künftig „einen großen Bogen um die Schweiz machen“, war eine vom Volk ausgehende Initiative erfolgreich, die dem immer mehr ausufernden Wahnsinn ein Ende setzen wollte.

Die „besorgte“ Reaktion der plötzlich zu mehr Bescheidenheit Aufgerufenen blieb natürlich nicht aus und verrät uns gleich dreierlei: zum einen angesichts des Verzichts auf jegliche moralische Rechtfertigung der bisherigen grenzenlosen Bereicherung, dass es da tatsächlich nichts zu rechtfertigen gibt; zweitens, dass angeblich nur die Vielzahl der zu verdienenden Millionen für Manager ausschlaggebend ist, welchem Konzern sie vorstehen wollen – ein erschreckender Befund; und drittens, dass keiner den Anfang damit machen möchte, um einer größeren sozialen Gerechtigkeit willen auf die Möglichkeit noch höherer Einkünfte zu verzichten, seien diese für sein Wohlergehen auch noch so überflüssig.

Die Anbetung des goldenen Kalbes.
Nicolaus Poussin, 1633-1637, London, National Gallery

Genau das aber muss passieren, dass Staaten wie die Schweiz und Deutschland, die in der Welt ein hohes Ansehen genießen und vielen anderen Staaten als Vorbilder dienen, mit gutem Beispiel vorangehen und gerade nicht darauf verweisen, dass sie – ohnehin oft nur eine leere Drohung! – dabei „Wettbewerbsvorteile einbüßen“ könnten.

Die Superreichen der Wirtschaft weisen gern darauf hin, dass auch zahlreiche Popstars und Spitzensportler unermesslich viel Geld einstreichen. Das ist tatsächlich so und zweifellos in gewisser Weise noch ungerechter, gemessen an dem tatsächlichen Nutzen ihrer Leistung und der von ihnen zu tragenden Verantwortung.

Geradezu ärgerlich ist die Steuerflucht vieler groß verdienender Spitzensportler und Medienstars. Schließlich ist ihr Erfolg oft nicht zu geringen Teilen der Infrastruktur ihres Landes zu verdanken, den von Staat und Gesellschaft geschaffenen Lebens- und Übungsbedingungen ebenso wie den womöglich zur Verfügung gestellten Fördermaßnahmen und -mitteln. Der steuerliche Dank im Erfolgsfall sollte da eigentlich eine selbstverständliche staatsbürgerliche und moralische Pflicht sein, wohingegen Steueroasen wie das Fürstentum Monaco, wo man sich einen Scheinwohnsitz leistet, diesen Dank weit weniger verdient haben.

Was die wirklich beglückende Tugend der Bescheidenheit betrifft, haben uns die Dichter der Antike etwas Wesentliches zu sagen gewusst. Zu Beginn eines jeden Werks pflegten sie dem Leser mitzuteilen, dass sie ihre Leistung als Eingebung der Musen betrachteten, also als ein Geschenk der Götter. Sie folgten damit der Einsicht, dass wir unsere Leistungsfähigkeit, wie übrigens auch -willigkeit, einzig unserer Natur, also *der Natur* zu verdanken haben und dass wir daher nicht *stolz* auf sie, sondern *dankbar* für sie sein sollten. Man könnte daraus schließen, dass es keinen ersichtlichen Grund dafür gibt, größere Leistungen auch großzügiger zu entlohnen, und dass, wenn man es dennoch tun möchte, der Rahmen dafür immerhin bescheiden bleiben sollte.

Vier tanzende Musen.
Zoan Andrea (?), ca. 1475, Düsseldorf, Museum Kunstpalast

Es ist, was Popstars und Spitzensportler betrifft, eben so, dass deren Marktwert heute hauptsächlich davon abhängt, wie medien- und damit werbewirksam das ist, was sie tun. Ein Sportler, der in einer für die Fernsehzuschauer weniger interessanten Disziplin eine Spitzenleistung vollbringt, wird keinen Reichtum durch sie erlangen.

Um neoliberale Reichtumsfanatiker davor zu bewahren, Vorstellungen über eine gerechtere Einkommens- und Vermögensverteilung und damit eine gerechtere Gesellschaftsform als bloße Theorien abzutun, die in der Realität nicht funktionieren würden, sei auf eine Phase der Nachkriegszeit in der Bundesrepublik verwiesen, in der die zuvor als wünschenswert beschriebenen Verhältnisse weitgehend vorhanden waren. Unter dem damals neuen und absolut ehrlich gemeinten Begriff der „Sozialen Marktwirtschaft“ entwickelte sich zunächst ein bescheidener, dann aber ein zunehmend größerer Wohlstand, der die ganze Bevölkerung gleichermaßen erfasste. Mit steigenden Unternehmensgewinnen stiegen zugleich die Löhne und Gehälter, sodass ein Sozialneid, der sich destruktiv hätte auswirken und die Gesellschaft hätte spalten können, vermieden wurde. Die Arbeitnehmer gönnten zu Recht den Arbeitgebern ihre Gewinne, den Managern ihre etwas höheren Gehälter, weil sie selbst entsprechend vom wirtschaftlichen Aufschwung profitierten. Zugleich stiegen infolge höherer Steueraufkommen auch die Staatseinkünfte, die ermöglichten, durch soziale Maßnahmen Not und Armut Einzelner zu lindern oder sogar ganz zu verhindern, also für eine umfassende soziale Ausgeglichenheit in der Bevölkerung zu sorgen.

Vor diesem Hintergrund relativ gerechter Zeiten erscheinen Meldungen, die wir heute fast täglich in den Zeitungen lesen können und die uns wissen lassen, dass ein Konzern wieder einmal Rekordgewinne eingefahren hat und zugleich einen größeren „Personalabbau" plant, geradezu absurd, wenn nicht gar obszön. Völlig vergessen scheint, dass noch wichtiger als die Gewinnmaximierung die Beschäftigung von Menschen ist, die ihre Arbeitskraft zur Verfügung stellen wollen und ein Recht auf Arbeit haben sollten. Mit Arbeit das nötige Geld zum Leben zu verdienen müsste jedem Menschen, der es könnte, ermöglicht werden.

Fassen wir zusammen: Eine an Gerechtigkeit orientierte Gesellschaft lebt einerseits in einem freiheitlichen Rechtsstaat, dessen Verfassung und Gesetzgebung sich an den allgemeinen Menschenrechten ausrichten und der dank einer von der jeweiligen Regierung unabhängigen Justiz jedem Einzelnen höchstmögliche Rechtssicherheit garantiert. Sie gewährt andererseits allen Bürgern unterschiedslos die Chance, durch eine gute Ausbildung auch an eine gute und gut bezahlte Arbeit zu kommen, von der ja letztlich alle profitieren werden. Schließlich sorgt dieser Staat, nicht zuletzt durch entsprechende gesetzliche Regelungen, für eine möglichst leistungsgerechte Verteilung des nationalen Reichtums, indem er vor allem gewährleistet, dass an erzielten Gewinnen der Wirtschaft alle mit ihrer Arbeit daran Beteiligten angemessen entlohnt werden. Dabei sollten gewisse Einkommensunterschiede, die durchaus berechtigt sein können, in vernünftigem Maß begrenzt bleiben, d. h. solche Absurditäten, wie sie bei uns immer häufiger vorkommen, dass ein Mensch, mit welcher Tätigkeit auch immer, in kürzester Zeit mehr Geld verdient als ein anderer in seinem ganzen Leben, sollten nicht möglich sein.

Unser Nachkriegsdeutschland hat, wie schon erwähnt, in puncto sozialer Gerechtigkeit vorübergehend fast ideale Verhältnisse erlebt, und so stünde es unseren Politikern gut an, sich der ökonomischen und sozialen Spielregeln jener Zeit nicht nur zu erinnern, sondern auch ihre Politik – um der gerechten Verteilung und des sozialen Friedens willen – in eben diese Richtung wieder neu auszurichten. Natürlich haben sich die Zeitumstände und das gesellschaftliche Bewusstsein, in dem

Geld eine immer größere Rolle zu spielen scheint, verändert und lassen eine schlichte Wiederholung vergangener Politik nicht zu. Es geht aber um das Bewusstsein, das damals die Politiker gegenüber dem Volke leitete und das ihnen heute angesichts ökonomischer Eigeninteressen und der Dominanz des Finanzsektors abhandengekommen zu sein scheint.

Niemand braucht immer mehr, wenn er menschenwürdig leben kann, aber jeder braucht die Möglichkeit, eben dieses zu können. Die derzeit bei uns alles beherrschende Wachstumsideologie mit der daraus resultierenden grenzenlosen Gier, die darauf ausgerichtet ist, immer neue Bedürfnisse zu schaffen, damit auch diese noch befriedigt werden können, entfernt uns immer mehr von einem natürlichen und glücklichen Leben auf dem uns anvertrauten Erdball. Sie wird überdies, so ist zu befürchten, noch dazu führen, dass wir nachkommenden Generationen die Lebensgrundlage zerstört haben werden.

Es bleibt nach so vielen unsicheren Formulierungen über das, was gerecht erscheint, ein für alle Mal festzustellen, dass es eine absolute Gerechtigkeit, die alle als solche anerkennen würden, nicht gibt. Entsprechend sind schon Platons Bemühungen im Anlauf auf sein Staatsmodell in wenn auch bemerkenswerten Ansätzen stecken geblieben. Überhaupt wird man Platons „Ideen“ nicht als auffindbare endgültige Definitionen ansehen dürfen, sondern lediglich als richtungweisende Utopien, die Aspekte einer von uns nicht zu ermittelnden Weltvernunft sind. Unsere Annäherung an diese Utopien, mag sie auch noch so zielgerichtet erfolgen, wird immer einer niemals zum Ziele führenden Dialektik unterworfen bleiben, jener Dialektik, die uns als erster der „dunkle“ Herakleitos als das Weltgesetz offenbart hat.

Tholos 6

Gaia lässt ihre Quellen nur äußerst dosiert sprudeln, gibt stets nur kleine Mengen der von ihr gehüteten Geheimnisse preis. Die Wissenschaft unserer Generation, so müssen wir heute eingestehen, macht sogar die Erfahrung, dass jedes Mehrwissen über die Naturgesetze, die dem Universum zugrunde liegen, uns ein noch größeres Nichtwissen offenbart. Schwarze Löcher, schwarze Materie, schwarze Energie – die Farbe Schwarz dient hier nur als Ausdruck unseres Unverständnisses gegenüber etlichen Vorgängen in der Natur.

„Hier steh ich nun, ich armer Tor, und bin so klug als wie zuvor", resümiert Faust nach seinem umfangreichen Bemühen, auf jede nur erdenkliche Weise die Welt zu verstehen. Heute sehen wir es also noch schlimmer: Je mehr wir erkennen, desto mehr Unerkanntes tut sich vor uns auf. Relativ betrachtet, werden wir demnach der Welt gegenüber immer unwissender, müssten also auch immer bescheidener in unserem Anspruch werden, etwas über Gott zu wissen.

Nach dieser deprimierenden Feststellung sei dennoch der weitere Versuch gewagt, beim Blick in die „schwarzen Löcher" im Zentrum der Tholoi weitere und tiefere Einsichten in die göttlichen Urgründe zu gewinnen. Es steht noch die Frage an, wie sich die Spekulationen über die Bedeutung der delphischen Tholos auf

Das Philippeion in Olympia
im derzeitigen teilrestaurierten Zustand

die Rundbauten von Olympia und Epidauros übertragen lassen.

Der relativ späte Bau in Olympia ist von den beiden verbleibenden Tholoi sicherlich der weniger interessante. Der Gaia-Kult, der in Olympia wohl im Schatten des Kronos-Kults gestanden hatte, war schon zu lange von Zeus und Hera-Verehrungen überlagert worden, als dass König Philipp II. von Makedonien ihn genauer hätte im Blick haben können, als er die runde Gedenkstätte für seinen Sieg bei Chaironeia 338 v. Chr. in der Altis errichten ließ. Die unmittelbare Nähe zum altehrwürdigen Tempel der Hera zeugt auch von einer gewissen Respektlosigkeit gegenüber den großen Gottheiten der Griechen und lässt Zweifel an der Gläubigkeit des Makedoniers aufkommen. Und dennoch: Philipps Sohn Alexander war von dem

Athener Philosophen Aristoteles erzogen und gebildet worden und dürfte sich durchaus etwas Tieferes dabei gedacht haben, als er seinem verehrten Vater das Philippeion schließlich zur Gedenk- und Ruhestätte im Stile eines kreisrunden Kosmos fertigstellen und weihen ließ.

Denken wir uns auch bei dieser Tholos ein Erdloch im Zentrum, um das herum sich der Bau im Kreise drehte, ein Erdloch zur Aufnahme der Seele des Toten zurück in den Mutterschoß der Erde. Die Griechen kannten ja noch nicht die Vorstellung von einem „Himmelreich", wie es Judentum und Christenheit sich ausmalten, sondern gingen noch, wie zuvor die Ägypter, davon aus, dass die Erde das Leben sowohl hervorbringe als auch wieder zu sich zurücknehme.

Das Totenreich des Hades ist eine Unterwelt in irdischer Tiefe. Für die alten Ägypter lag dieses Reich, in dem Isis und Osiris herrschten, tief unter dem Wüstensand. So wurden die ersten Pharaonen, bei aller Liebe zur Sonne, auch nicht etwa in höchster Spitzenlage ihrer Pyramiden beigesetzt, sondern in einer Kammer tief unter ihnen. Die älteste Pyramide, die Stufenpyramide des Königs Djoser in Sakkara, liefert dafür ein erwiesenes Beispiel. Die sogenannte Königskammer des Cheops in dessen Pyramide ist kein Gegenbeweis, denn inzwischen spricht kaum noch etwas dafür, dass in ihr die Mumie des Pharaos aufbewahrt wurde. Die gefundene Kammer mit dem leeren Sarkophag dürfte nichts anderes als ein symbolisch der Sonne und dem Sternenhimmel nahes Spiegelbild der eigentlichen Grabkammer sein, die tief unter der Erde bzw. der Pyramide noch zu suchen ist.

Die sichtlich ältere Tholos in Epidauros ist zweifellos komplexer zu betrachten als die in Olympia. Sie gibt uns aufgrund ihrer Bauweise große Rätsel auf. Sicher ist lediglich die vorrangige Bedeutung des ganzen Heiligtums in Bezug auf die Verehrung des Asklepios und der Heilkunst. Die Tholos könnte ein zentrales Symbol der Medizin im weitesten Sinne gewesen sein, dem Heilgott Asklepios geweiht bzw. seinem Vater Apollon, mit dem er offenbar nach seinem Tode zu einer Gottheit verschmolz, also wesenseins wurde.

Für den Bezug zu Apollon spricht dessen Affinität zur Sonne einerseits – er fungiert ja oft als Sonnengott mit weitaus größerer Bedeutung als Helios – und zur Erde andererseits, wie sich in Delphi am Orakel zeigte. Erde und Sonne sind ja letztlich zusammen zu denken, wenn es um die Entstehung des Lebens geht. Nur der zeugende Licht und Wärmestrahl der Sonne mit dem ebenfalls von ihr erzeugten Regen vermag ja die Erdmutter zu befruchten und in die Lage zu versetzen, lebendiges Wachstum hervorzubringen. Gaia, die alles Gebärende, benötigte Apollon als zeugenden Sonnengott und dessen wärmende Strahlen. So hatte es uns ja schon, wie anfangs dargelegt, der Ur-Mythos der alten Ägypter erzählt.

Die Tholos in ihrer Rundheit bildet demnach womöglich auch die Sonne ab, und das Erdloch ermöglicht dem Gott das Eindringen in den Schoß, der gebären soll. Ist etwa die phallische Form des delphischen Omphalos eine Anspielung auf die Zeugungskraft der himmlischen Gottheit?

Mag Alexander in Olympia gedacht haben, die Erde möge aus der Asche seines toten Vaters neue Helden zeugen, so könnte die Überlegung in Epidauros eine vergleichbare gewesen sein. Dort sollten aus Kranken Gesunde werden. Die Archäologen, die im labyrinthartigen Zentrum der Tholos geforscht haben, sind zu der Erkenntnis gekommen, dass in ihm eine oder mehrere Schlangen gehalten wurden, und haben daraus geschlossen, dass hier Kranke per Schocktherapie, wenn sie der Schlangen – wahrscheinlich im Licht einer Fackel – ansichtig wurden, geheilt werden sollten.

Die Schlange kennen wir noch heute als das den Asklepios-Stab umzingelnde Symbol der Heilkunst. Ihre scheinbar widersprüchliche Bedeutung in der ägyptischen und griechischen Antike ist uns leidlich durchschaubar. Sie verkörpert als Inbegriff des Giftigen sowohl das bedrohliche Böse als auch dessen Abwehr. Sie gleicht darin der schlangenhaarigen Gorgo Medusa, die auf dem Schild der als Gedankenblitz aus dem Haupt des Zeus entsprungenen Athena für deren weise Kriegsführung steht und Unheil von der Göttin fernhält. Die Uräus-Schlange züngelte über der Stirn der Pharaonen an der Front ihrer Königshauben und diente dort offenbar schon in derselben ambivalenten Funktion.

Apollon fand, als er das landschaftlich Ehrfurcht gebietende Erdheiligtum von Delphi erreichte, in Gestalt des Python eine gefährliche Schlange vor, die er bezwingen musste, um Herr über den Parnass zu werden. Die magische Kraft des Python ging auf die jeweilige Priesterin Pythia über, die – angeblich von den aus der Tiefe des Erdinnern aufsteigenden Dämpfen berauscht – Worte lallte, denen die ihr zugewandten Apollon-Priester höchste Weisheit entlockten.

So erweist sich die Schlange – im Alten Testament der Bibel die ersten Menschen dazu verführend, vom Baum der Erkenntnis (!) zu naschen – als gleichsam gewundenes Band zwischen uns Menschen und der Erde, Pförtnerin der Gaia, Schlüssel zur Weisheit und zu den bedeutendsten Geheimnissen der Welt. Und so erscheint es auf einmal auch sinnvoll, dass die später für die Griechen wichtigste Gottheit, Pallas Athene, die über Apollon im Trojanischen Krieg triumphiert hatte, als Pronaia (Türsteherin) die delphische Tholos besetzte, die ursprünglich der Urmutter Gaia geweiht gewesen war.

Gott, Teufel, Apfel, Schlange, Natur, Eva, Adam, Sexualität, Erkenntnis, der „Sündenfall“: Wer ist wirklich „Schuld“ an allem? (Adam und Eva, Lucas Cranach d. Ä., 1526, London, Courtauld Gallery)

Wie frei ist unser Wille?

Die Frage nach dem richtigen Urteil

Das apollinische Orakel als Sprachrohr der Gaia und Künder weiser Worte, die aus dem Erdinnern hervorquellen, verrät uns auch etwas über uns Menschen und unsere Schicksalhaftigkeit. Etwa dem verhängnisvollen Verlauf der Ödipus-Sage, wie sie uns die Tragödie des Sophokles überliefert hat, liegt ein weissagender Orakelspruch zugrunde, dem zu entrinnen Ödipus unmöglich war. Das Orakel hatte den Eltern vorhergesagt, ihr Sohn werde den Vater töten und die Mutter heiraten. Kein Wunder, dass die entsprechend in Panik versetzten Eltern einen solchen Spross nicht behalten wollten und das Söhnchen mit durchtrennten Fußsehnen – Ödipus bedeutet Schwellfuß – im Wald aussetzten, der trügerischen Erwartung folgend, ein wildes Tier werde es finden und verzehren. Natürlich passierte dies nicht, und das Geweissagte nahm seinen Lauf, ohne dass Ödipus wissen konnte, wie ihm geschah und was er tat. Er kannte ja weder den Vater, den er erschlug, noch die Mutter, die er heiratete.

Ein solches „Unschuldig-Schuldigwerden" durchaus heldenhafter Menschen demonstriert exemplarisch, dass wir dem Schicksal, also dem Lauf der Natur, unterworfen sind und nur das tun können, wovon die Natur will, dass wir es tun, sei es nun nach unseren Moralvorstellungen gut oder, wie in diesem Fall, verwerflich. Schopenhauer, der von der uneingeschränkten Macht eines Weltwillens ausging, hat es so ausgedrückt: Wir können zwar tun, was wir wollen, aber nicht wollen, was wir wollen. Einstein hat angesichts dieser Einsicht Schopenhauers begeistert festgestellt, es handele sich dabei um die größte Weisheit, die er der Philosophie zu verdanken habe, denn er könne seither die Welt und das unselige Tun in ihr viel gelassener sehen.

Der Relativierung der Schuld des Menschen aufgrund seiner durch die Kräfte der Natur eingeschränkten Willensfreiheit steht die den Menschen verpflichtende Moralphilosophie Immanuel Kants gegenüber. Für Kant ist die Freiheit unseres Willens die Voraussetzung dafür, dass wir als Menschen in die Verantwortung genommen werden können. Mithilfe unseres Verstands, der uns von den Tieren unterscheidet, sollen wir uns, so Kant, jeweils für das Vernünftige entscheiden und somit für unser Handeln die Haftung übernehmen.

Bei aller Emanzipation des Aufklärers Kant von strengeren religiösen Vorgaben blieb sein Denken über die geistige Autonomie des Menschen dem christlichen Verständnis verhaftet. Der Christ steht am Ende vor dem Weltenrichter und muss sich vor ihm für sein Lebenswerk verantworten, um dafür Lohn oder Strafe oder, obwohl eigentlich Strafe verdienend, die Gnade Gottes zu empfangen. Diese vor Recht gehende Gnade ist dem Geist des Neuen Testaments geschuldet. Das Alte Testament kannte noch jenen zürnenden Gott, der auf Rache sann und der im jüdischen Glauben bis heute weiterlebt.

Bemerkenswert ist in unserem Zusammenhang, dass die aktuelle Hirnforschung, natürlich aus einem ganz anderen Blickwinkel heraus, die alten Griechen und damit auch Schopenhauer zu bestätigen scheint. Unser Denkorgan, so heißt es in der Neurowissenschaft nach entsprechenden Messungen von Hirnströmen bzw. Beobachtungen mittels Hirnscannern, gehorcht seinen eigenen Gesetzen und hat unsere Entscheidungen, wenn wir sie frei zu treffen glauben, schon längst vorgeprägt. Ob mit dieser Feststellung aber die Frage nach dem freien Willen endgültig negativ beantwortet ist, darf bezweifelt werden. Es bleibt ja *mein* Gehirn, das beurteilt und entscheidet, und letztlich wird es darauf ankommen, wie man das Ich definiert.

Goethe fragte einmal rhetorisch: Was anderes ist der Mensch als das Mitgebracjte und das Erworbene? Tatsächlich bringen wir unsere Gene und damit unsere Veranlagungen ja mit auf die Welt und setzen sie sodann den Einflüssen des Lebens und der Umwelt aus, mit der Folge, dass die einen Anlagen mehr ausgebildet werden, die anderen weniger. So entwickelt sich unsere Persönlichkeit, unser Charakter, aufgrund zweier Faktoren, zum einen der Anlagen, die wir erben, und zum anderen des Milieus, das auf das Angelegte einwirkt. Keinen der beiden Faktoren haben wir nach unserem Willen geschaffen. Wir sind ihnen vielmehr schlicht ausgeliefert, nachdem wir uns unsere Vorfahren und das von ihnen empfangene genetische Erbgut so wenig wie die Umstände, in die wir hineingeboren wurden und die uns seither geprägt haben, selbst aussuchen konnten.

Auf dem berühmten Deckengemälde Michelangelos in der Sixtinischen Kapelle nähert sich Gott dem ersten Menschen, um ihn zu beseelen, in einer tuchartigen Wolke, die eine menschliche Gehirnhälfte nachzeichnet. Gott kommt also als Geist, als Überbringer des Verstands, der den Menschen als sein „Ebenbild“ wird erscheinen lassen, und zwar in dem Sinne, dass (nur) der Mensch über Gott und die Welt nachdenken kann. Die auffällige Nicht-Berührung der Finger Gottes und Adams muss man wohl so verstehen, dass Gott den Menschen in die Freiheit der Eigenverantwortung entlässt, also keine ständige Verbindung zu ihm halten, sondern ihn seinem freien Willen überlassen wird, auf dass er sein Schicksal durch eigene Entscheidungen selbst in die Hand nehmen möge.

Michelangelo dürfte diese Botschaft als Protest gegen die unerbittliche Strenge verstanden haben, mit der die Gläubigen von der katholischen Kirche unter Berufung auf Gott jahrhundertelang moralisch bevormundet worden waren. In einer von allzu großen Zwängen befreiten Gesellschaft jedoch dürfen wir uns heute getrost eingestehen, dass wir fremdbestimmt sind und der freie Wille tatsächlich nichts anderes ist als eine schöne Illusion, auf die man überraschend gut verzichten kann.

Gott animiert den ersten Menschen, Adam, durch eine Fast-Berührung und kommt dazu in einer gehirnförmigen „Wolke" herangeflogen. (Michelangelo, Rom, Sixtinische Kapelle, 1508-1512)

Im urchristlichen Sinne kehren wir mit dieser Einsicht zu so schönen Eigenschaften wie Ehrfurcht, Bescheidenheit und Demut zurück und lassen so schlechte wie Anmaßung und Selbstherrlichkeit hinter uns.

Das Sein zum Tode lässt uns auch gar keine andere Wahl.

Nachwort

Das bleibende Unbehagen über die immer wieder nur unzulänglich zu beantwortenden letzten Fragen möge zu guter Letzt durch die klugen Briefzeilen Rainer Maria Rilkes gemildert werden:

[...] und ich möchte Sie [...] bitten, [...]Geduld zu haben gegen alles Ungelöste in Ihrem Herzen und zu versuchen, die Fragen selbst liebzuhaben wie verschlossene Stuben und wie Bücher, die in einer sehr fremden Sprache geschrieben sind.
Forschen Sie jetzt nicht nach den Antworten, die Ihnen nicht gegeben werden können, weil Sie sie nicht leben könnten. Und es handelt sich darum, alles zu leben. Leben Sie jetzt die Fragen. Vielleicht leben Sie dann allmählich, ohne es zu merken, eines fernen Tages in die Antwort hinein.

(Rainer Maria Rilke,
Brief an F. X. Kappus, 1903)

Tholos 7

Du wirfst einen Stein ins Wasser und beobachtest …

Für die alten Ägypter wurde der aus dem Urmeer aufsteigende Felsen, der die Geburt der Welt markierte, am Ende aller Tage zum Grab des Osiris. Wenn alles Leben vorbei ist und die Welt aufhört, bewegt zu werden, hat auch der Totengott seine Schuldigkeit getan und kann in der Tiefe des Urhügels seine letzte Ruhe finden.

Im Apollon-Tempel zu Delphi wollten die alten Griechen – seiner Unsterblichkeit zum Trotz – Dionysos, den kongenialen Antipoden des Sonnen- und Musengotts, begraben wissen. Als seinerzeit über diesem Ort die beiden Adler des Zeus, von den entgegengesetzten Enden der Welt aufeinander zufliegend, zusammenstießen, haben sie das Ende der Welt schon vorweggenommen, und zwar genauso, wie es auch Goethe später gesehen hat: „Die endliche Ruhe wird nur verspürt, sobald der Pol den Pol berührt."

Konzentrische Kreise auf einer altgriechischen Schale der „Geometrischen Epoche"

Goethe wollte die Endlichkeit der Welt allerdings in möglichst weite Ferne gerückt sehen, und so fuhr er fort: „Drum danket Gott, ihr Söhne der Zeit, dass er die Pole für ewig entzweit."

Für ewig wohl nicht, jedenfalls nicht für uns Sterbliche. Im Schoße der Gaia, wie das Zentrum der Tholos ihn markiert, werden die Pole unseres Lebens, Geburt und Tod, dereinst zusammengeführt und für ewig vereint sein. Aber das hat ja dann – Gott sei Dank! – nichts mehr mit uns zu tun.

Über den Autor

Alf Hermann, Jahrgang 1940, hat in Hamburg und Tübingen Altertumswissenschaften, Kunst und Philosophie studiert, war Dozent für Gräzistik an der Universität Stuttgart und Mitarbeiter des „Spiegel" im Ressort Bildung und Kirche. Er arbeitet heute als Pädagoge am Internatsgymnasium der Stiftung Louisenlund und als Dozent an den Hochschulen des Internationalen Bundes (IB) in den Bereichen Medizin-Ethik und Wissenschaftstheorie.

Darüber hinaus hält er kulturwissenschaftliche Vorträge vor allem an der Europäischen Akademie Sankelmark und leitet verantwortlich – unter Mitwirkung von Internatsschülern – die Erschließung und Restaurierung des Freimaurergartens Carl von Hessens auf dem Gelände Louisenlunds an der Schlei, das seit dem frühen 19. Jahrhundert Eigentum der herzoglichen Familie zu Schleswig-Holstein ist. Diesbezüglich hat Hermann auch zwei Bücher verfasst, das jüngste im Jahre 2010 mit dem Titel *Geheimes Louisenlund, Einblicke in Europas bedeutendsten Freimaurerpark.*

Geheimes Louisenlund
Einblicke in Europas bedeutendsten Freimaurerpark. Verlag Ludwig, Kiel 2010

Im Verlag *opus magnum* in der *Edition Amici* erschien im Jahre 2012 der Essay-Band *Denn alle Kunst will Ewigkeit – Acht Essays über Bilder.*

Edition Amici

Edition Amici Essay

Alf Hermann

Doch alle Kunst will Ewigkeit – Acht Essays über Bilder

Alf Hermann

Noch einmal nachgedacht – Ein Essay über sieben letzte Fragen

Edition Amici Drama

Helmut Landwehr

Romanzero. Disparates. Zwei Versuche über Heinrich Heine

Edition Amici Prosa

Marion Röttgen

Kindheiten – Kurzgeschichten

Marion Röttgen

Schlimme Geschichten

Rolf Jeblick

Tunakler – Geschichte eines Besatzungskindes

Edition Amici Studien

Hanns Frericks

Kant und seine Relevanz für ethische Probleme der Gegenwart. Vorträge und Aufsätze

Denny Paulicke

Was ist Gesundheit?
Versuche zu den Themen: Krankheit – Arbeitslosigkeit – Mediale Überlastung

Marion Röttgen / Gero Kerig / Hans-Peter Meier-Dallach (Hrsg.)

Gesundheitsbilder im Stadtquartier. Berlin – Köln – Stuttgart

Reinhard Steiner (Hrsg.)

Ornament und Klang – Herwarth Röttgen zum 80.Geburtstag